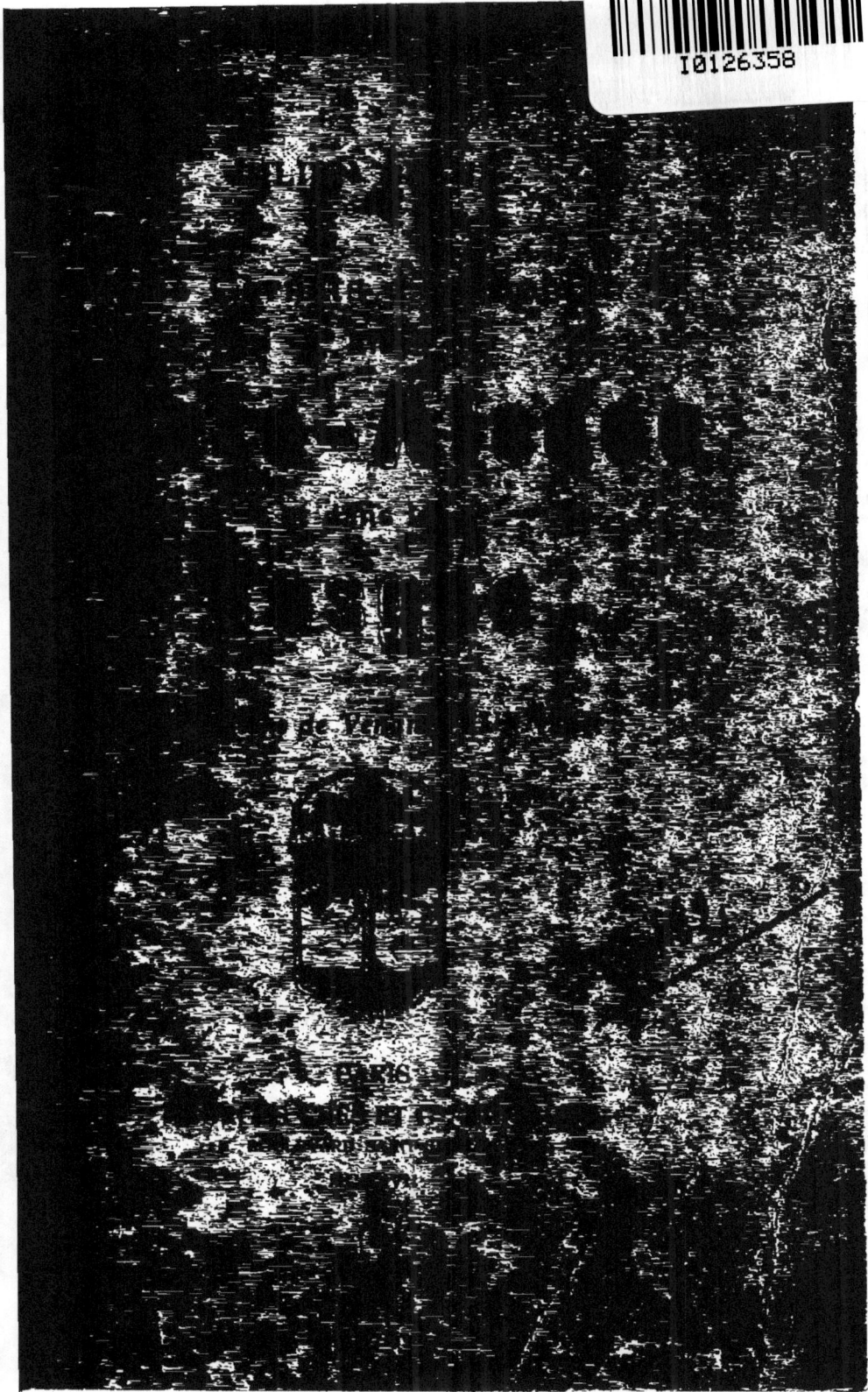

I0126358

DU MÊME AUTEUR

EN MACÉDOINE, carnet de route d'un sergent de l'Armée d'Orient, (ouvrage illustré de 69 photographies). — (Georges Crès & Cⁱᵒ).

LE PÈRE MULLER, épisode de la guerre en Haute-Alsace. — (Louis Chaduc, Belley).

Pour paraître prochainement.

LA GUERRE EN ORIENT. — (Notes et Croquis).

En préparation

MÉMOIRES DE KOTCHO, le petit Grec de Monastir.

LA FILLE DU POPE, roman de la Guerre dans les Balkans.

SALES BOCHES, deuxième épisode de la guerre en Haute-Alsace.

JULIEN ARÈNE

Les Carnets d'un Soldat

En

Haute-Alsace

et dans les

Vosges

Illustrations de Venance CURNIER

258355

PARIS

GEORGES CRÈS ET Cie, ÉDITEURS

116, BOULEVARD SAINT-GERMAIN, 116

MCMXVII

Préface

Le présent livre a été précédé d'un autre récit de guerre du même auteur, *En Macédoine*. Les combats auxquels le sergent Arène a pris part, dans les Vosges et dans la Haute-Alsace, se placent en 1914 tout au début de la guerre, donc avant son départ pour l'Orient. Si, dans ses publications, il a interverti l'ordre chronologique des faits, comptait-il peut-être sur le prestige d'une épopée lointaine, sur un « mirage oriental » pour rehausser l'intérêt de ses notes et aurait-il cru nécessaire de placer le fragment d'histoire que constituent ses récits d'Alsace dans le rayon de lumière projeté par Salonique ? En ce cas, sa modestie l'aurait trompé. Son premier livre, nous voulons dire le premier par l'ordre des dates, n'avait pas besoin de la protection du second. Les deux se valent par de hautes qualités d'écrivain qu'a finement appréciées notre collègue et ami, M. Bertrand, dans la préface d'*En Macédoine*. Si le décor du drame diffère, si le but poursuivi n'apparaît pas sur les deux théâtres avec la même netteté, les scènes du front d'Occident ne sont pas moins captivantes, moins pathétiques, dans les descriptions du sergent Arène, que les scènes du front d'Orient. Et puis, il nous mène en Alsace ! Il a vécu dans ce pays secoué par la grande guerre. Il y a éprouvé des émotions qui font vibrer nos âmes ; il en a rapporté des observations qui suggèrent à nos esprits d'utiles réflexions.

Les Carnets d'un soldat dans la Haute-Alsace et dans les Vosges offrent, comme *En Macédoine*, cet intérêt général qui s'attache aux notes prises sur le vif par les combattants de la gigantesque lutte. Ne demandons pas à ces livres des vues d'ensemble sur les opérations de guerre. L'auteur sagement se récuse. Ce qu'il enregistre, ce sont les faits, grands et petits, dont il est le témoin immédiat ou l'acteur direct. Tantôt c'est un événement terrifiant comme l'assaut du Lingekopf avec un bombardement dont le souvenir le fera frémir encore dans la vallée du Vardar ; tantôt c'est un des incidents quotidiens de la vie de tranchées, une fausse alerte, un retard dans le ravitaillement, la mort d'un camarade, détails qui se perdent dans l'immensité du conflit, mais qui prennent des proportions capitales pour ceux qu'ils touchent de près. Ce sont des épisodes qui défilent sans qu'on en voie l'enchaînement. Ces vues partielles sont souvent partiales, car le soldat juge les choses à son point de vue, sous l'influence de mille contingences. « Ne croyez donc pas aux dires du poilu, déclare le sergent Arène, quand il se mêle de juger d'un combat. Pensez qu'il vous écrit le ventre garni, s'il dit que tout va bien, que son soulier lui fait mal ou qu'il n'a pas dormi, s'il affirme que rien ne va plus. » Qu'on se rappelle ce qu'a vu de la bataille de Waterloo le soldat légendaire de Stendhal.

Et pourtant ce sont des pages d'histoire qui nous sont offertes là, contrairement à ce que pense l'auteur, quand il dit qu'il ne faut pas vouloir apprendre l'histoire par le combattant. Ces feuillets détachés, griffonnés au jour le jour, au hasard des rencontres, avec de multiples lacunes, forment un tout qui a la valeur d'un document solide. Ils nous éclairent sur une des forces qui auront joué un rôle décisif dans le heurt épouvantable des ressources matérielles, morales et intellectuelles des nations : ils nous ouvrent l'âme du soldat français. Lorsque les historiens voudront expliquer un jour comment la France, qui ne s'était point préparée à la guerre parce qu'elle ne la voulait point, parce qu'elle en repoussait la possibilité comme une hypothèse monstrueuse, a pu tenir tête à un adversaire qui, après avoir fait, pendant des suites de générations, de la suprématie militaire le but de tous ses efforts, a lancé soudain sur la nation endormie dans son rêve de paix le plus formidable appareil de destruction qui ait jamais épouvanté l'humanité, il faudra tenir compte avant tout de ce ressort intérieur qui a rendu la résistance opiniâtre en attendant l'heure des éclatantes offensives ; il faudra estimer à leur juste valeur toutes les vertus qui, constituant le patriotisme du poilu, ont fini par avoir raison de la force brutale.

Ce sont des livres comme ceux du sergent Arène qui nous font saisir le jeu des sentiments éveillés chez les Français par le crime allemand et exaltés jusqu'à ces sublimes énergies auxquelles appartient la victoire. L'auteur, arraché à sa chère petite ville de Nantua, si tranquillement assise au bord d'un lac délicieux, a pour compagnons d'ar-

mes des montagnards de l'Ain et du Bugey, de ces êtres
frustes dont la vie semble se confondre avec celle des majestueux sapins de leurs forêts. Tous ces hommes, le
bûcheron aussi bien que le représentant des carrières libé-
rales, savent pour quoi ils vont se battre. Ce n'est pas un
bétail inconscient qu'on mène à la boucherie. Ils ont la
notion claire d'un devoir dont ils acceptent la charge avec
la pleine adhésion de leur raison. Ce n'est pas à l'ordre
capricieux d'un souverain qu'ils obéissent. Ils savent qu'ils
ne sont pas les instruments d'une caste avide de domination. La cause qu'ils sont appelés à soutenir est celle de
la justice. Ces montagnards, qui ouvrent des yeux ébahis
devant les splendeurs des rues de Bourg, savent qu'ils sont
devenus les défenseurs de la civilisation et ils sont prêts à
faire à la patrie française, gardienne traditionnelle du droit,
le sacrifice de leur vie.

Leur courage est tenace et résolu. Sans doute leur instinct a parfois des révoltes devant une mort qui paraît
certaine. Cela est humain. Mais les frissons de la chair
sont vite réprimés par une héroïque ardeur qu'excite
l'amour de la gloire confondu avec l'amour de la patrie.
Les hommes de la 24e compagnie, au milieu de laquelle le
sergent Arène nous fait vivre, ont l'esprit de corps. Ils sont
fiers des exploits de leur troupe. Ces fils du Bugey et de
l'Ain aiment que leurs noms soient attachés à des combats
mémorables. Le livre de leur compatriote sera un monument élevé à leur bravoure, un pieux souvenir adressé aux
morts, un brevet dont s'enorgueilliront à bon droit les sur-
vivants. Mais le patriotisme régional n'a rien d'un particu-
larisme étroit. Les Bugistes rendent hommage à la valeur
des autres troupes qu'ils voient à l'œuvre. Les prouesses
extraordinaires des chasseurs alpins au Lingekopf leur ins-
pirent le respect qu'on accorde aux vertus surhumaines,
et, au lieu de jalousie, ce qui les pique, c'est l'aiguillon
d'une magnifique émulation.

L'ardeur de la lutte ne devient jamais chez eux la fureur
sanguinaire du Teuton. Ils ne tuent pas pour le plaisir de
tuer ; ils ne brûlent pas pour le plaisir de brûler. Ils
savent le prix d'une vie humaine et ils ne la détruisent
que parce que la loi inexorable de la guerre l'exige. Lorsqu'ils verront devant leur tranchée un Allemand abattu par
leur fusil, ils oublieront que cet homme appartient à une
race de pillards et d'assassins, qu'il a peut-être commis
lui-même des crimes atroces, et ils auront un regard de

commisération pour le fils enlevé à ses parents, pour le père que ses enfants ne reverront plus. Il arrivera même qu'arrêtés par cette pitié humaine, supérieure à tout désir de vengeance, ils laisseront passer la minute propice pour étendre l'ennemi sur le sol et que, rappelés ensuite à la réalité, ils auront à se reprocher leur incapacité d'être cruels.

L'héroïsme n'étant pas chez eux une attitude de commande, une pose, ils s'abandonneront avec un naturel parfait aux fluctuations des sentiments entre lesquels les ballotteront les circonstances. A l'enivrement de la lutte, à l'espérance de la victoire prochaine, succèdera, pour des causes souvent futiles, le morne abattement, le cafard. Un des vaillants de tout à l'heure voudra mourir maintenant, « parce qu'il a son soulier droit en piteux état et que c'est un martyre par ces jours glacés. » Une autre fois l'auteur écrira : « Je suis triste parce que mes poilus sont tristes et que je suis incapable de les remonter... Mes poilus voient tout en noir, et moi je suis loin de voir en rose quand la nuit tombe et qu'on doit partir dans le boyau plein d'eau et de cadavres. » Mais il suffit souvent d'un « jus » servi bien chaud pour chasser les nuages. Ou bien le mot d'un loustic fait éclater de rire toute la bande. La gaîté française reprend le dessus, remontant les cœurs, rendant du jarret aux traînards, entraînant les plus accablés à la poursuite joyeuse du Boche.

Cette psychologie du soldat est exposée par l'auteur, non pas au moyen d'analyses savamment déduites, mais en touches rapides et légères dont le total donne une impression profonde de vérité. Nous avons la même impression, lorsqu'il nous décrit les aspects extérieurs des choses, les scènes de la vie militaire, les paysages. Au talent de l'écrivain le sergent Arène ajoute celui du dessinateur. On sent que sa plume traduit souvent en prose les croquis de son crayon. Aussi ses descriptions ont-elles un relief très accusé. En même temps il se dégage de la plupart une poésie intense. Elevé au milieu de sites adorablement pittoresques, l'auteur a pour la nature un culte fervent. Elle exerce sur sa sensibilité un empire souverain ; il la comprend dans ses manifestations les plus variées, et il la célèbre avec un lyrisme sincère. La forêt surtout est un temple dont cet initié connaît tous les mystères. Il en discerne les voix, les chuchotements, les murmures. Les arbres sont pour lui des personnalités vivantes, des amis à physionomies individuelles. Les feuilles de chacun d'eux ont un bruissement à part, un langage que les montagnes de l'Ain lui ont rendu familier et qu'il reconnaît sur les pentes des Vosges ou les vallées d'Alsace.

C'est dans l'évocation de l'Alsace qu'il est admirablement servi par ces dons réunis de l'écrivain, du peintre et du poète. Si ses compatriotes de l'Ain trouvent à son livre un goût de terroir, l'Alsacien y verra surgir, fidèlement reproduite, l'image de la chère province comprise dans sa vie intime, dans les battements secrets de son cœur, comme dans la beauté du cadre où se décide sa tragique destinée.

Notre auteur n'a aucun doute au sujet des sentiments de l'Alsace à l'égard de la France. Il sait par des preuves nombreuses et irrécusables que la grande majorité de la population dans la région libérée a été heureuse de l'apparition de nos troupes. Il ne lui est pas arrivé d'avoir à noter que des civils aient traîtreusement tiré sur nos soldats. S'il avait été témoin d'un fait semblable, il eût été trop bien averti pour ne pas faire la différence entre le véritable Alsacien et l'Allemand se disant tel, le plus souvent un fonctionnaire resté étranger à la vie profonde du pays. Il n'a pas jugé la masse des Alsaciens d'après certains maires ou instituteurs qu'il nous montre ralliés à la politique allemande. Il a vu au contraire ces agents de l'Allemagne en conflit violent avec les représentants authentiques des aspirations alsaciennes. Il a senti gronder dans le peuple une haine farouche contre le *Schwob*. Il a vu avec quelle fidélité les traditions françaises se sont perpétuées dans la bourgeoisie aisée, dans la société des manufacturiers dont les maisons, fermées obstinément aux intrus d'Outre-Rhin, étaient restées des postes avancés de culture française.

Les habitants eux-mêmes fournissaient l'explication de leur sympathie pour les Français. Si le peuple détestait les *Schwobs*, c'était à cause de leur grossièreté, de leur goinfrerie, de leur raideur, de leur tyrannie rogue et de mille autres défauts impardonnables aux yeux d'une population qui aime la vie douce et cordiale, qui a des habitudes de franchise et de bonhomie, avec un intense besoin de liberté. C'est parce que les Français répondaient à cet idéal qu'on allait au-devant d'eux, le cœur joyeux et confiant, les mains pleines. Pour eux on sortait des garde-manger et des caves d'abondantes victuailles et de vénérables bouteilles dont on

cachait soigneusement l'existence aux Boches. C'est pour
les Français que les ménagères prodiguaient les richesses
de la cuisine alsacienne, richesses parfois un peu mena-
çantes même pour de solides estomacs de Bressans, lorsqu'elles s'élevaient en montagnes de choucroute flanquées
de pommes de terre, de lard et de saucisses. A eux les
quenelles au foie, les beignets aux pommes, les tartes aux
prunes, les *Kugelhopf*. A eux l'eau-de-vie de Quetches,
cette rivale du kirsch. C'est pour pouvoir s'entretenir avec
eux que jeunes et vieux essayaient avec des efforts tou-
chants d'apprendre le français banni des écoles et, pour
mieux fraterniser, les vétérans de 1870, parés de leur
médaille, tiraient du fond de leur mémoire leur vocabulaire militaire et leur répertoire de chansons du vieux
temps.

Si néanmoins, même du côté d'Alsaciens très bien inten-
tionnés, la joie pouvait paraître un peu trop concentrée,
c'est que la situation militaire en 1914 leur commandait
une extrême prudence. Les habitants de Mulhouse, qui
avaient fêté sans retenue l'entrée de nos troupes dans leur
ville, eurent à expier cruellement, lorsque les Allemands
l'eurent reprise, l'explosion de leur patriotisme. Un pareil
retour offensif, suivi des mêmes sinistres représailles, pouvait être redouté dans les autres parties de la Haute-Alsace
occupées par les Français. Cette crainte était fondée dans
l'esprit de la plupart des Alsaciens sur un dogme qu'y avait
solidement implanté le spectacle demi-séculaire de la force
de l'Allemagne, le dogme de l'invincibilité de ses armées.
Même un homme comme le curé de Carspach, incarcéré
« pour prêche en faveur de la France », et délivré par
nos soldats, n'ose compter sur notre victoire. « Le curé,
« écrit notre auteur, est plus optimiste que ses ouailles qui
« tremblent en parlant de leurs maîtres, les Schwobs ;
« malgré cela, nous trouvons ses dires exagérés, quand il
« affirme que les Allemands sont forts, forts, et qu'il
« faudra lutter souvent, lutter longtemps pour voir la
« défaite du kaiser. Je bondis :
« — Des luttes nombreuses, passe encore, mais de lon-
« gues luttes, ah ! non, monsieur le Curé ! J'ai promis de
« rentrer pour la Toussaint.
« Le curé hoche la tête en souriant... »

Cette croyance à la puissance inexpugnable de l'Allemagne avait été entretenue dans la population par toutes
sortes de moyens dont l'un des plus efficaces consistait à

envoyer les recrues alsaciennes dans les régiments de la garde à Berlin. Le sergent Arène a vu, dans les vallées de l'Ill et de la Largue, des photographies de ces beaux hommes portant l'uniforme des troupes d'élite de la Prusse. Il faut avoir rendu visite, comme nous avons eu l'occasion de le faire, à quelques-uns de ces malheureux dans leurs chambrées des casernes berlinoises pour se faire une idée de la façon dont leur cerveau, pétri par les mains impitoyables du feldwebel, nourri de cyniques mensonges, fasciné par le déploiement des pompes militaires, a emmagasiné mille impressions qui leur font considérer le kaiser comme un Jupiter intangible et la France comme une pauvre petite nation exsangue, irrémédiablement vouée à la décadence ou, si elle ose bouger, à la défaite. Trois ans d'efforts infructueux tentés par les Allemands pour reprendre la Haute-Alsace n'auront pas été de trop pour ébranler leur prestige guerrier aux yeux des Alsaciens et pour dissiper cette sorte de terreur superstitieuse qu'inspirait leur formidable organisation.

Les Français se heurtaient encore en Alsace à des préventions que la propagande allemande encourageait à grands renforts de calomnies, lorsqu'elle représentait les gouvernements de notre pays comme des bandes de sectaires acharnés à détruire toute liberté religieuse. Notre auteur nous décrit l'étonnement que provoqua, un dimanche matin, à l'église de Mertzen la présence d'un officier venu à la messe avec quelques hommes.

« A la sortie nous sommes entourés. Un vieil Alsacien,
« à la casquette bleue, nous demande :
« — Il y a donc encore des catholiques en France ?
« Le Kaiser s'est tellement servi du *Gott nur mit uns*
« (Dieu seulement avec nous), il a tellement mélangé ses
« droits temporels avec le droit divin, le Dieu des armées
« et le dieu de ses ambitions, il a tellement dit que la
« France ôterait son curé au vieil Alsacien, que celui-là
« l'a cru...
« L'arrivée de l'officier français et des neuf hommes en
« armes a bigrement fait plaisir à la population de Mertzen
« et nous avons bien travaillé pour l'influence française. »

Le sergent Arène touche ici à l'une des questions délicates qui seront à résoudre pour que l'Alsace reprenne joyeusement, sans inquiétude ni regret, sa place au sein de la famille française. La solution exigera de la part de notre Parlement et de notre administration infiniment de prudence et de tact. L'Alsace est religieuse. Catholiques, protestants et israëlites entendent y pratiquer librement leur culte. Cependant elle n'est pas une Vendée de l'Est. Elle est depuis plus d'un siècle un foyer d'idées démocratiques. La France qu'elle préfère, c'est la France républicaine avec les institutions et les lois qu'a créées l'esprit moderne. Il s'agira de lui démontrer que le régime républicain n'attente nullement à la liberté de conscience et que le prêtre, quelle que soit sa confession, pourra paisiblement vaquer à son ministère, pourvu qu'il soit respectueux des lois. Une expérience loyale aura tôt fait de convaincre l'Alsacien.

Notre auteur n'avait pas à approfondir ce problème, pas plus qu'il n'avait à en examiner d'autres que pose, dans le domaine administratif, économique, scolaire, le retour de l'Alsace à la France. Son but était de noter ce qu'il voyait et non d'anticiper sur la tâche des organisateurs de l'Alsace reconquise. Ce qu'il a vu, il l'a dit avec une vérité qui nous saisit et nous charme, avec une émotion qui nous pénètre. Nous qui pouvons nous porter garant de la justesse de ses observations, nous à qui les paysages décrits par lui sont familiers depuis l'enfance, nous qui pourrions presque mettre sur certaines figures des noms tus dans son livre, nous le remercions d'avoir, au lendemain des combats où il a vaillamment servi la cause de l'Alsace, continué à la servir par la plume, en montrant cette terre bénie telle qu'elle est, dans sa grasse et plantureuse réalité que la guerre même n'a pu faire disparaître, dans la poésie de ses montagnes, de ses forêts, de ses plaines et de ses cours d'eau, aussi bien que dans les élans de la foi patriotique et dans son inébranlable attachement à l'idéal que représente la France.

Auguste EHRHARD,
Professeur à la Faculté des Lettres
de l'Université de Lyon.

AVANT-PROPOS

QUEL *est le soldat qui, pouvant se servir d'une plume ou d'un crayon, n'a pas noté ses impressions de guerre ? Je n'ai pas échappé à ce besoin, né du sentiment de survivre par quelque moyen dans la mémoire de ceux qu'on aime, ou plus simplement de conserver, pour des jours meilleurs, le souvenir des jours mauvais.*

Bien souvent, ce qu'on ne pouvait pas mettre dans une lettre, on l'écrivait sur un carnet.

Aujourd'hui, je viens de relire en souriant les premières notes qui me reportent au début de la grande tragédie. Quelles illusions me trompaient en ce temps-là ! D'ailleurs, — souvenez-vous, — les faits sont mes excuses : Six jours après la mobilisation nous étions à Mulhouse, nous courions, dans les plaines d'Alsace, au-devant de la victoire ; ce qui se passait en d'autres endroits nous était inconnu, et nous importait peu. N'étions-nous pas ceux qui tentaient le grand coup, ceux qui devaient vite reprendre l'Alsace et la Lorraine, terminer sur un air de triomphe la légende pleine de cigognes, de toits pointus, de cœurs fidèles à la patrie perdue dont on berça notre enfance, et dissiper, par la Revanche, nos rancunes à nous, leur orgueil provocateur à eux ?

En Haute-Alsace, mon régiment me semblait grand comme un corps d'armée, la division comme une armée entière capable de remporter un succès décisif. Les premières nouvelles officielles qui nous parvinrent furent la prise de l'artillerie du 8e corps hessois, puis le bombardement de la cathédrale de Reims. Ces choses nous parurent plus lointaines qu'énormes... Nous ne sûmes qu'après bien des jours ce qui s'était passé pour amener la bataille de la Marne.

D'ailleurs, bien plus près de soi, un soldat ignore ce qu'il arrive ; sa vie est celle de sa section ; il ne ressent bien que ce qu'elle supporte ; dans le combat, il voit le Boche qui marche sur lui, le camarade qui s'effondre à ses côtés, l'obus qui le blesse ou le couvre de terre.

A Largitzen, où mon peloton fut attaqué par six compagnies allemandes, où je me trouvai seul, avec cinq hommes, très en avant des autres, où je tirai les premiers coups de feu de la bataille et reçus pendant tout le jour, les rafales de l'ennemi, j'ai vu cinq silhouettes dans le brouillard, quelques casques à pointe émerger au-dessus d'une crête, deux Allemands étendus au pied d'un pommier. Ce fut tout. Le soir seulement, en parcourant le terrain derrière notre tranchée, je compris l'importance de l'attaque ennemie au nombre des cadavres restés sur le sol. Nous l'avions échappé belle, et les Boches n'avaient pu réussir leur essai d'enveloppement.

Il ne faut donc pas demander au combattant ce dont il ne peut se rendre compte ; il ne faut pas non plus apprendre l'histoire par lui. Un détail peut le séduire et fausser sa vision ; la mentalité d'un compagnon d'armes peut aussi facilement suggestionner la sienne.

Quand je pense que c'est d'un œil amusé que j'ai vu la première retraite de Mulhouse ! Elle se résume pour moi dans un fiacre où avaient pris place deux réservistes. Le cocher mulhousien, coiffé d'un gibus en cuir bouilli, tapait à tour de bras sur son cheval éreinté par une course de trente kilomètres. Je trouvais cela drôle comme une scène de cirque ; c'était, en réalité, l'infime détail d'un terrible désordre.

Le second retour d'Alsace qui fut, au contraire, voulu, réglé par nous, sans poursuite ennemie, me parut sinistre. J'avais, ce jour-là, le cafard, et j'avais le cafard parce qu'il pleuvait et que mes souliers prenaient l'eau. Ne croyez donc pas aux dires du poilu quand il se mêle de juger d'un combat. Pensez qu'il vous écrit le ventre garni s'il dit que tout va bien, que son soulier lui fait mal ou qu'il n'a pas dormi, s'il affirme que rien ne va plus.

Il y a des lacunes dans mes notes, il y a de grands trous. Ces trous représentent des accès de mauvaise humeur, une grande fatigue, le plus souvent l'impossibilité matérielle d'écrire. Après avoir passé un hiver entier dans les tranchées, je ne trouve pas, dans mon carnet, une phrase sur la boue glaciale ou la neige terrible aux soldats.

C'est qu'il n'est pas possible d'écrire quand on endure plusieurs degrés de froid ; ceux qui en causent peuvent conserver intactes, pour plus tard, leurs impressions pénibles. Moi, pas. Après une journée éreintante, après une nuit passée à grelotter, lorsque je redescendais au village, ce n'était plus qu'un mauvais rêve : la neige, le vent, les frissons, la nuit interminable ; et, ce rêve, le ronflement du grand poêle de faïence le faisait bien vite oublier !

Tenté par mes camarades qui veulent que je publie ces notes d'Alsace, je tiens à prévenir mes lecteurs de ce que je pourrai leur donner. Ils trouveront dans mes pages peu de récits de bataille ; le crépitement des mitrailleuses est le même de la Belgique à la frontière suisse, la mort est partout aussi brutale, les cris des blessés dans les Vosges sont aussi atroces à entendre que ceux des blessés d'ailleurs. J'ai décrit des scènes vraies de la tranchée ; j'ai mis des noms de soldats qui existent et qui luttent encore, à moins qu'ils ne soient tombés pour la patrie ; j'ai mis des descriptions de l'Alsace et de ses coutumes puisque, pendant plus d'un an, mon régiment a roulé de secteur en secteur sur le terrain repris aux ravisseurs de 70, puisque j'ai appris à l'aimer, à le sentir profondément français ce beau domaine qui n'aspire qu'à le redevenir ....
....

Mes camarades tombés dans la vallée de l'Ill ou

de la Largue, mes camarades qui dormez dans le Sùndgau ou dans les Vosges, que la terre recon- quise vous soit légère ! Nous ne voulons pas que le bruit des bottes prussiennes trouble votre repos. Si vous devez tressaillir un jour dans vos tombes que ce soit aux accents d'une Marseillaise triom- phale, que ce soit à l'arrivée des foules de France qui viendront s'agenouiller sur vos tertres et les fleurir, et qui diront, tout bas, dans un élan de reconnaissance, dans un suprême vœu :

REQUIESCANT IN GLORIA !

Les Premiers Jours

A la nuit tombante, dans le train qui, le 3 août, m'emmène à Belfort, un montagnard, au visage enfoncé sous un feutre immense s'approche de moi.

— Où vas-tu ?

— A Belfort, ... régiment, 24ᵉ compagnie.

— Moi aussi.

Ce montagnard, au feutre immense, c'était Pernod. Instinctivement, nous restons près l'un de l'autre au milieu des quarante mobilisés qui remplissent le wagon. Nous sommes deux que le même sort appelle. Il est de la montagne, au-dessus de chez moi. Quand je le sais, nous nous taisons ensemble. La nuit venue jette un peu de fraîcheur dans le wagon où l'on respire mal.

A la caserne, je rencontre tout de suite un camarade de régiment, Bayzelon. Sans pudeur, je lui saute au cou.

— Eh bien ! qu'en dis-tu ?

— Ça devait arriver, murmure Bayzelon, qui fume déjà une grosse pipe en écume.

Toute la journée du 4, nous roulons de couloir en couloir. Ça n'en finit pas d'équiper un régiment qui part en guerre. Dès qu'un groupe est prêt, un sergent ou un caporal le conduit à Bavilliers où l'on se forme par compagnie.

Le capitaine considère ma maigreur et hésite....

— Oh ! mon capitaine, je ne veux pas rester !..

Il consent à me prendre et me voilà tout fier. Je suis bien plus fier encore d'être sous les ordres d'un caporal qui a déjà senti la poudre. C'est un colonial qui a fait le Cambodge. Il s'appelle Denis.

⁂

C'est l'offensive sur Mulhouse. Les hommes de notre 5ᵐᵒ bataillon partent en chantant à tue-tête, leurs baïonnettes toutes fleuries. Il y a dans l'air un enthousiasme indicible qui semble emporter ceux qui partent et fait naître, dans l'esprit des autres, un regret immense de ne pas les suivre. C'est ainsi que le sort de Pillet, un voisin que je reconnais au milieu de la troupe en marche, me paraît des plus enviables. Et, mélancolique, je présente les armes au bataillon qui va à la gloire.

Le 8 août, on annonce l'occupation de Mul-

house. Me voilà désolé. La guerre sera finie sans
que j'aie vu un Prussien — on ne disait pas encore
un Boche. Une automobile qui amène des blessés
est prise d'assaut. On est saisi comme d'un délire
en acclamant, en embrassant les premiers Français
qui ont souffert pour la patrie. Le médecin-major,
assis à côté du conducteur, brandit un casque à
pointe et une paire d'épaulettes. Nous pleurons
tous, peut-être plus énervés qu'heureux, mais c'est
bon quand même. On juge prudent d'attendre la
nuit pour faire passer un convoi de prisonniers
allemands.

Nous partons le 9 août à la frontière, à Montreux-le-Château. Je cours jusqu'au poteau brisé
par nos soldats pour saluer la terre d'Alsace, et
ma main tremble un peu quand elle cueille, dans
les champs, les petites fleurettes qu'on a tant
chantées dans les romances patriotiques. Nous recevons le baptême du feu, une bombe jetée d'un
taube, et je suis nommé caporal.

Le 10, les nouvelles sont moins bonnes.

Le 11, l'armée française ayant évacué Mulhouse,
nous voyons passer des soldats de toutes les armes.
Nous sommes ignorants de toutes les nouvelles de
la guerre et bien avides de savoir. Un camarade
me les donne, précises : Les Prussiens, cachés
dans la forêt de la Hardt, sont revenus en nombre.
Pendant toute la nuit, on s'est battu, mais nous
étions épuisés, il a fallu battre en retraite.

Avec Monod, Mermet et Bayzelon, je campe

près d'une auberge, entre Foussemagne et Montreux-le-Château. La frontière — un ruisseau qui sinue à travers de grasses prairies — court parallèlement à la route. Près de la locomobile d'une machine à battre, nous avons installé un petit poste à la Bugeaud.

Pendant deux jours nous restons ainsi, seuls. Les nouvelles se gâtent. Un corps d'armée allemand marche sur Belfort.

Après deux nuits de veille, je dormais d'un sommeil de plomb, quand Denis m'a réveillé en sursaut :

— As-tu fait ton testament ?

Il m'aurait demandé quelle heure il était que je n'aurais pas été moins ému, tellement le sommeil me tenait encore. Je ne compris sa demande que lorsqu'il m'eut lu l'ordre de tenir jusqu'au bout, ordre qu'il venait de recevoir.

Nous sommes cinq hommes ; nous avons six cents cartouches ; notre résistance sera bien vite terminée. N'importe ! il faut tout essayer, et parce que l'heure est tragique notre courage n'est pas ridicule. Nous élevons, avec des caisses de bière vides, une barricade, puis j'écris mes adieux sur un bout de papier que j'enfile dans une paire de chaussettes que je cache sous les plateaux qui soutiennent la locomobile. Toute la nuit, le doigt sur la gâchette du fusil, nous avons attendu le flot des cinquante mille Badois qui devait nous emporter comme des fétus de paille. Il n'est pas venu jusqu'à nous.

Le 12, nous nous replions en protégeant une batterie de 120 court qui va prendre position. Le 13, c'est la bataille de Montrevieux où, pour employer une expression chère aux poilus, le XVe badois prend la piquette.

Je commence à connaître mon escouade, la troisième. Elle comprend deux Oyonnaxiens et deux Neuvillois, Guillon, Pernod, ma première connaissance, un Bressan, un Bugiste de Maillat et un Bas-Bugiste d'Artemare. De la graîne de l'Ain sauf deux : un vigneron du Mâconnais et monsieur Jules. Monsieur Jules, c'est le Parisien Delomme, bientôt surnommé le père La Fouine parce qu'il voit tout et entend tout. C'est avec cette escouade que, le 19 août, je pars en avant à la poursuite du corps allemand battu à Montrevieux.

Alors, je commençai mon *Carnet de Route* que je n'ai plus qu'à transcrire ici, tel que je le retrouve.

PREMIÈRE PARTIE

En Haute-Alsace

En Alsace

Nous abandonnons Fontenelle ; voici la frontière. Le poteau, arraché par un soldat français, gît dans le fossé. Où le reporterons-nous ?
Ça fait quelque chose de fouler en pantalon rouge
le sol de l'Alsace ; pendant que nous marchons,
toute l'histoire de l'Année Terrible me trotte dans
le cerveau, et je ne suis pas sans orgueil de la
continuer, d'être un revanchard, un de ceux qui
vont réparer l'injustice et finir, dans une apothéose
de victoire, le livre rempli de tant de pages
sombres.

De chaque côté de la route superbe, de beaux
cerisiers laissent pendre d'innombrables petites
cerises à kirsch que le soleil brûlant a ratatinées,
puis nous rencontrons des pommiers dont nous

secouons, à coups de crosse, les fruits abondants.
Ils sont à point pour étancher une soif ardente.

Au premier gosse rencontré, nous adressons des
ya ya répétés qui ont le don de faire tordre Jolivet
et Pernod. Le petit, un bambin frisé, pieds nus
et chemise en loques, répond par des *yo yo* et un
rire qui découvre ses dents blanches. *Ya ya,* c'est
boche, *yo yo,* c'est alsacien, — il y a toute une
nuance.

Nous gagnons Magny, où l'on s'est battu fort, il
y a six jours. Une dizaine de maisons sont détruites par le bombardement. Comme des enfants
qui n'ont jamais rien vu, nous regardons les effets
de la guerre. Autour du village, les arbres, les
poteaux télégraphiques ont été coupés net par les
obus. Un vieux campagnard, à cheval sur son toit,
recouvre déjà les meurtrières ménagées au milieu
des tuiles. Ce geste qui répare me paraît de bon
augure. Dans ce village, nous apprenons qu'un
enfant de douze ans a été fusillé par les Badois,
parce qu'en jouant avec son fusil de bois il avait
mis en joue des soldats allemands. Un murmure
d'indignation court dans nos rangs. Un enfant !
Est-ce possible ! Mangeot serre les poings ; Botex
s'exclame « Les salauds ! »

Au loin, on entend gronder le canon. Des troupes nous dépassent pendant une halte. C'est un
bataillon d'infanterie alpine qui semble courir avec
son allure sautillante ; les hommes ont leur béret
coquettement posé sur l'oreille, et notre képi trop

neuf, qui ressemble à un pot de fleurs, nous paraît de plus en plus dépourvu d'élégance.

Voici un escadron de chasseurs d'Afrique. Les petits chevaux arabes, énervés, se cabrent parfois ; au milieu de la colonne, le dos d'un cavalier ceinturé d'écarlate monte arrondi. Une seconde d'émotion pour nous. Tombera-t-il, ne tombera-t-il pas ?... L'Africain, qui semble vissé sur sa selle, ne tombe pas. L'escadron défile au trot enlevé.

Voici Dannemarie, Dammerkirch en allemand, le premier gros village alsacien. C'est un chef-lieu de canton qui s'étale au milieu de grasses prairies, de vergers magnifiques dont les arbres ploient sous la récolte prochaine. Les Alsaciens, les Alsaciennes se pressent sur notre passage nous offrant des fruits et des boissons. On les sent sincères ; nous sympathisons tout de suite avec eux.

Une toute rose petite Alsacienne, haute comme une botte, s'avance vers nous. Dans son tablier, elle a de belles pommes et, gentiment, elle les distribue aux soldats. Quand mon tour arrive, le dernier fruit est offert. Alors, avec une moue adorable, la petite fille me tend une campanule des prés qu'elle trouve au fond de son tablier.

— *Nimm,* (Prends), me dit-elle.

Pieusement, j'ai serré dans mon porte-notes la petite fleur, bleue comme le ciel de cette Alsace pour laquelle les bois et les sillons se rougissent de sang.

A notre tour, nous dépassons des troupes qui

se dirigent vers les rumeurs de la bataille. D'interminables rangées de voitures stationnent là ; plus loin, nous rencontrons tout un train de bateaux. Les lourdes chaloupes de fer s'allongent sur les camions que traînent quatre chevaux puissants. Nous acclamons les pontonniers qui vont nous faire passer le Rhin ; ils accueillent en riant nos démonstrations enthousiastes. Nous oublions, grâce à tant de spectacles divers, la chaleur et la fatigue ; c'est en devisant gaiement, que nous continuons notre route.

Nous encadrons maintenant un régiment d'artillerie qui va prendre position. Le bruit du canon nous semble tout proche. Ma section flanque la colonne. Nous longeons la lisière d'un bois battu par des patrouilleurs. Des chasseurs d'Afrique galopent sous les arbres, la carabine dans une main ; leur grande latte balance aux flancs des petits chevaux qui fument.

On entend distinctement le canon, et la fusillade semble intense. Ça doit chauffer au delà des crêtes ; ça chauffe aussi pour nous : nos fronts ruissellent et le sac est devenu bien lourd.

Nous pénétrons dans Ballersdorf. Un bataillon d'infanterie alpine est couché à l'ombre des maisons. Il revient du combat et, curieusement, je regarde ces hommes qui ont vu le feu. Les fantassins à béret n'ont pas mauvaise mine, mais on les sent fatigués. Il paraît que c'est sans ordre, simplement parce qu'ils trouvaient mauvais de recevoir des coups de fusil d'ennemis invisibles sous un bois, qu'ils ont mis baïonnette au canon et ont chargé, comme des fous, à huit cents mètres. Des mitrailleuses allemandes masquées ont fait des trouées sanglantes dans leurs rangs, mais les alpins ont pris le bois : ils sont contents.

Nous quittons le village pour aller, à travers champs, en lignes de sections par quatre, tout le bataillon déployé. Nous laissons à droite un village ceinturé de vergers. Voici de beaux champs de betteraves d'où partent, affolés, de grands lièvres roux. Leur vue nous distrait heureusement car nous sommes rendus. Nous avons déjà fait trente kilomètres sous un ciel de feu ; beaucoup d'entre nous n'avancent plus qu'à grand'peine... Un lièvre qui saute au milieu d'une section, une compagnie de perdreaux effarouchés qui part aussi bruyante que rapide, un rien nous fait oublier un instant que les courroies de notre sac s'incrustent dans nos épaules et que les pieds font mal.

Nous approchons d'Altkirch qui grimpe à l'assaut d'une colline. Un grand bâtiment, à côté de l'église qui domine la petite cité, est surmonté du drapeau de Genève... Un autre flotte près de lui ; à sa vue l'on frissonne parce qu'il nous apprend qu'Altkirch est redevenu Français.

Des hauteurs que nous atteignons maintenant, un admirable panorama se déroule. C'est une image de fertile abondance, de bonheur paisible au cœur de l'été, que cette suite de villages ensevelis dans la verdure, au milieu des plaines dorées, appelant la moisson. Un canal, qui s'allonge dans la plaine et dont l'eau étincelle au soleil, fait songer à quelque grand serpent engourdi. Aspach est à nos pieds ; sur l'autre crête s'étalent Tangolsheim, Wallheim où l'on se bat. Plus à gauche, au confluent des deux rivières, Illfurt.

La fusillade fait rage, surtout vers un grand bois, à droite de la crête. Les salves d'artillerie roulent sans arrêt et voilà que, derrière nous, nos batteries se mettent à tirer. Je n'aurais jamais imaginé des bruits aussi formidables ; c'est un concert monstrueux au milieu duquel je me sens anéanti.

Nos canons font de l'effet ; la fusillade diminue et puis cesse. Nous sommes étendus dans un champ de pommes de terre. Le soleil descend rapidement ; c'est le crépuscule accompagné d'une abondante rosée. Nous sommes transpercés par elle, et la fraîcheur du soir nous fait claquer des dents. Nous attendons encore une heure avant de quitter notre position. La bataille s'est bien arrêtée ; seuls, par intervalles, nos canons grondent comme des dogues inquiets. Nous descendons à Aspach ; la section débouche dans le village en même temps que les lourds caissons d'artillerie qui passent, au grand trot de six chevaux, pour aller faire leur plein d'obus.

La nuit a été paisible. Au petit jour, nous som-

mes prêts à partir, mais nous restons équipés
dans la rue du village, attendant des ordres.

Il paraît que nous avons perdu les Allemands
qui ont profité de la nuit pour lâcher le contact.
Ce répit nous permet d'aller, dans la *Wirtschaft*
(auberge), faire remplir nos bidons. Hélas ! le
vin à trente sous le litre est une horrible mix-
ture où il y a plus de mauvaises pommes que
de raisins ; par contre, le schnaps coûte un franc
vingt-cinq ; on peut, à bon marché, se griser
abominablement. Nous quittons Aspach pour aller
nous étendre dans les fossés de la route, à un
kilomètre d'Altkirch.

La circulation est intense sur cette grande route
qui conduit à Mulhouse, où passent tout ce qui va
à la bataille et tout ce qui en revient. Ah ! ah !
voici des prisonniers, une cinquantaine de Boches
dans leur costume *feldgraù*. On nous recommande
le silence, mais nous nous pressons sur la route
pour voir défiler les cinquante hommes bien alignés. Les petits troupiers qui les encadrent semblent des enfants à côté des géants badois. Au
dernier rang, un colosse roux attire tous les regards ; le casque à pointe qu'il a conservé, alors
que ses compatriotes n'ont que le bonnet de campagne, le grandit encore.

Notre intérêt croît au passage d'une colonne de
camions automobiles allemands qui font un grand
tapage. Sur la toile des voitures, on lit : *XVe Armee
Corps*. Ce sont les chasseurs d'Afrique qui ont

fait cette capture de camions dont on profite pour emmener toute une bande de prisonniers qui s'entassent jusque sur leur toiture.

A cette vue, les yeux des soldats français pétillent ; on respire plus à l'aise ; la victoire nous paraît toute proche ; sur la route pleine de poussière et de soleil, les vaincus s'en vont.

Et voici des blessés qu'emportent des paysans sur de petits brancards surmontés d'un parasol. Ils sont grièvement atteints, et nos cœurs se serrent à la vue d'un lieutenant qui souffle et gémit, tout un amas de linges ensanglantés sur le ventre, d'un grand capitaine brun, les yeux clos, que le mouvement du brancard balance comme un cadavre. Dans une carriole, traînée par un bœuf et un cheval, et pleine de gerbes de paille, saignent....
.... une douzaine de blessés allemands et français. Nous saluons le lieutenant plaintif, le capitaine inerte ; nous saluons tous les blessés, spontanément, pleins de pitié, pleins de respect pour ceux qui souffrent, pour ceux qui ont accompli leur devoir.

⁎⁎

Toute la journée nous restons là, nous reposant de la randonnée d'hier. Etendus sur la grasse prairie qui borde la route, nous contemplons Altkirch accroché à sa colline, son gymnase où flotte le drapeau de la Croix-Rouge, son église élancée, et cette plaine riante où les bosquets verdoyants alternent avec les moissons dorées, où les ruisseaux courent partout à l'ombre des saules et des vernes.

A la gare d'Altkirch, un train de blessés immense se forme. Un camarade va s'y embarquer ; on le rappelle en France où il est meunier. J'écris, pour qu'il l'emporte, une longue lettre à ma famille. Etrange résultat : la confection de cette lettre réveille en moi des souvenirs, des regrets que l'émotion et la fatigue dont sont remplis nos jours avaient dissipés. Il me semble, ce soir, que je suis terriblement isolé et qu'il y a trop de jours que je n'ai pas embrassé ma maman...

*
* *

De bonne heure nous quittons Carspach, où nous avons passé la nuit, et nous arrivons à Altkirch. Nous longeons une rangée de petites villas vertes et roses dont beaucoup sont éventrées par les obus. C'est dans ces maisonnettes que les Allemands se sont retranchés lors de notre première avance du 7 août. Ils n'ont pas résisté longtemps à nos 75 et à la baïonnette de nos soldats.

Une grande tuilerie fume à côté de l'Ill où, tranquillement, deux brancardiers jettent leur ligne. Voici la gare « qui a reçu sur le bidon », déclare le clairon Escoffier et, en face, une grande brasserie où de blondes Gretchen attendent les clients. La petite ville commence là, ses rues grimpent la colline jusqu'à l'église et au collège qui la dominent.

Ceux qui ont espéré s'offrir un bon déjeuner dans l'accorte petite cité sont déçus : on nous consigne dans une immense vacherie où nous devrons nous contenter de l'ordinaire.

Pendant que la soupe cuit, nous visitons les étables de la vacherie. Tous les cultivateurs-soldats sont d'accord pour admirer les soixante vaches suisses qui ruminent dans les crèches en ciment. Moyne s'arrête devant un énorme taureau de Simenthal et se demande si celui qui fait l'orgueil du Sappey pourrait lutter avec la bête qu'il a sous les yeux.

En guise d'apéritif, je bois de grands bols de lait bourru en pensant qu'ils n'en ont pas à Mulhouse. En effet, la vacherie expédiait, chaque matin, tout son lait à Mulhouse, et la guerre, en arrêtant les trains, a arrêté l'expédition.

Après la soupe, on s'embête sérieusement. Qu'allons-nous devenir, tout l'après-midi, entre ces quatre murs ? Une nuée de Wackes alsaciens se chargent de nous distraire. Ce sont d'endiablés gamins, aux pieds nus pour la plupart, et qui pataugent indifféremment dans les ruisseaux du chemin comme dans le purin de la ferme. Ils crient fort, en patois alsacien, et sont batailleurs à l'excès. Pour deux sous, j'obtiens une partie de tire-cheveux très réjouissante. Les mains s'agrippent dans la tignasse ébouriffée du détenteur des deux sous, jusqu'à ce que celui-ci s'échappe ou lâche prise. Pour d'autres menues monnaies, mes

camarades s'offrent la même distraction. Les
Wackes sont ravis et leur chevelure est bien accrochée.

Le soir, on nous permet de sortir par petits
groupes. Les rues de la ville coquette sont des plus
animées. Au grand café où nous entrons on nous
sert, sans attendre notre demande, une absinthe
carabinée. Parbleu ! les Français savent-ils boire
autre chose que l'absinthe et peuvent-ils apprécier
la bière blonde qui mousse dans les bocks ? Cependant, après l'absinthe, nous réclamons quelques demis qui nous aident à digérer la saucisse
et le *speck* (lard fumé) que nous mangeâmes au
repas du soir.

*
* *

Nous avons visité aujourd'hui les positions qui
entourent Altkirch. Ceinturée par toute une chaîne
de collines, la ville doit être imprenable si elle est
bien défendue. Nous gravissons les collines qu'ont
gravi, baïonnette au canon, les vainqueurs du 19
août. Des vignes se chauffent aux flancs des coteaux ; des bouquets de bois coupent les prairies
vertes et les champs de blé qui brillent au soleil.
On hésite à fouler ces moissons où des batteries
ont déjà tracé de larges sillons. Les cultivateurs,
surtout, ont des scrupules ; ils savent qu'un épi
blond représente bien des peines ; ils savent ce
qu'il en coûte pour amener une récolte à bien.

J'arrive au coin d'un bois en même temps qu'un
brancardier y découvre un corps. C'est un fan-

tassin de l'infanterie alpine ; son béret est resté sur sa tête ; sa figure reflète une souffrance atroce. Une carriole, sur laquelle trois corps sont déjà étendus, reçoit le petit alpin rigide, et le véhicule s'en va, emportant les corps des Français morts pour leur pays, qui sont venus agoniser à la clairière du bois avec le surprenant instinct qu'ont les pauvres blessés de se cacher pour mourir.

Une batterie de 75, à demi enterrée dans des fosses, est prête à cracher la mitraille. J'admire les petits canons gris qui font des merveilles ; l'un d'eux est déjà rouge de rouille. A la bataille de Montrevieux, le 13 août, il a tellement tiré que sa peinture a fondu et l'humidité mord à présent le métal... L'artilleur qui me raconte cette anecdote passe sa main, doucement, sur la jaquette de sa pièce comme s'il flattait un animal docile et intelligent...

A la nuit tombante, nous partons pour aller bivouaquer près d'un passage à niveau, à l'orée d'un bois. Nous sommes en grand'garde et, pendant que les sentinelles veillent, nous entrons, par groupe, nous réchauffer dans la cuisine de la garde-barrière.

La garde-barrière est accueillante mais elle ne connaît pas un mot de français et je ne suis pas encore très ferré en allemand... Cette nuit m'a permis de faire des progrès considérables en langue boche. La méthode directe donne de surprenants résultats.

C'est vers ce passage à niveau, m'explique notre hôtesse, que les premiers coups de fusil de la guerre ont été tirés. Un feldwebel avec quatre hommes étaient postés derrière le talus du chemin de fer, lorsqu'un dragon français est apparu sur la crête, à gauche du bois, un joli petit dragon, s'apitoie la conteuse. Il avait sa carabine à la main et ouvrait de grands yeux noirs pour inspecter toute la plaine. Le feldwebel a tiré et l'a tué à bout portant. Les Allemands ont pris le cheval, le sabre, la carabine et le casque, et le joli petit dragon est resté à plat ventre, les bras en croix. Des chasseurs sont arrivés au coup de fusil ; le feldwebel a lâche le cheval et s'est jeté dans le bois avec ses hommes.

— *Der Krieg ist traùrig* (la guerre est terrible), termine la garde-barrière, dont les yeux se remplissent de larmes...

Un brouillard épais et qui coule empêche de voir à dix pas. Les sentinelles, accroupies derrière le talus de la voie ferrée, sont attentives. Je rentre en grelottant dans la cuisine où je m'assoupis derrière le fourneau qui ronfle. Je revois le joli dragon aux yeux noirs, le feldwebel caché qui ajuste son fusil et tire, et le petit Français qui tombe, les bras en croix, et les Allemands qui le dépouillent...

Der Krieg ist traùrig...

***

L'ennemi s'est décidément retiré ; depuis hier soir nous sommes à Carspach, un adorable petit village alsacien.

Je ne croyais pas que les maisons et les clochers représentés par les joujoux de bois ou les dessins d'Hansi existassent « en chair et en os ». Et pourtant, voilà bien les maisons blanches marquetées de poutres peintes en couleurs violentes ; voilà bien les fenêtres petites, toutes petites, que la blondeur des Gretchen éclaire à notre passage. On s'étonne de ne pas voir sur les lourds cheveux le grand ruban noir.

Ici, tout est propre, clair, gai. Les auberges françaises pourraient demander des leçons de propreté aux *Wirtchaften* alsaciennes. La grande salle est cirée ; toutes les tables sont recouvertes de nappes à carreaux rouges.

Carspach est une petite station estivale et nous sommes logés dans la salle de spectacle. La population, qui a déjà vu les Prussiens, puis les Français, puis encore les Prussiens, puis encore nous, nous a accueillis quand même, avec presque de l'enthousiasme. Pourtant toutes les familles ont quelqu'un dans les rangs allemands. Mais nous avons d'autres façons, d'autres manières que les Boches. La vieille femme qui nous cuisine une omelette et une salade de choux rouges nous dit :

— Les Prussiens m'ont demandé à manger la crosse de fusil sur la tête.

C'est curieux de sentir le mépris avec lequel une habitante de l'empire prononce le mot de Prussien. Hansi avait raison : il y a une barrière infranchissable entre l'Alsacien et le *richtig Deutsch*, le *Schwob* (véritable Allemand).

Les deux fils de notre hôtesse ont été emmenés par les réservistes allemands.

— Si vous étiez seulement venus huit jours plus tôt, soupire-t-elle, ils ne seraient pas partis avec les Schwobs.

Notre marche rapide en avant nous a valu plus de dix mille prisonniers : tous les réservistes alsaciens qui n'ont pu rejoindre les bataillons auxquels ils étaient affectés. Ils s'en montrent très satisfaits, ce qui n'empêche qu'ils sont persuadés que la plus grande Allemagne marche de succès en succès. Des journaux répandus à foison les renseignent, des journaux qui mentent sans pudeur. Ils ont lu, aux dernières nouvelles, que Lille est prise, que Nancy est pris, que les Allemands sont entrés dans Belfort !... En réalité, les Allemands qui sont entrés dans Belfort ont défilé entre deux rangs de gendarmes, sabre au clair, et ils accompagnaient vingt-quatre canons boches pris avant-hier. Les *Zeitùngen* (journaux) annoncent encore que Paris est en révolution, que la Russie, la Belgique et l'Angleterre marchent contre la France... Et les Alsaciens avalent tout cela. C'est imprimé, donc c'est vrai. Les Français sont moins crédules.

⁎⁎⁎

Pour la première fois, depuis le commencement

de la campagne, j'écris avec de l'encre. C'est un
brave homme de curé qui m'a apporté son encrier
et son porte-plume. Ce curé est un pur Alsacien
qui a été coffré par les Allemands dès la décla-
ration de guerre, sur la dénonciation de l'instituteur, « pour prêche en faveur de la France ». En
entrant à Mulhouse où il était incarcéré, les Français l'ont délivré et l'instituteur a pris sa place.
Voilà un amusant chassé-croisé.

Le curé est plus optimiste que ses ouailles qui
tremblent en parlant de leurs maîtres, les Schwobs;
malgré cela nous trouvons ses dires exagérés
quand il affirme que les Allemands sont forts, forts,
et qu'il faudra lutter souvent, lutter longtemps
pour voir la défaite du kaiser. Je bondis :

— Des luttes nombreuses, passe encore ; mais
de longues luttes, ah ! non, monsieur le Curé !
J'ai promis de rentrer pour la Toussaint.

Le curé hoche la tête en souriant...

Cette discussion m'a mis de mauvaise humeur ;
je calme mes nerfs en jouant la *Marseillaise* sur
l'harmonium de la salle de spectacle... Les Allemands forts, forts ! nous allons bien voir ça !
L'hymne national et l'annonce que nous allons
partir en avant me redonnent confiance dans l'issue
rapide des hostilités.

Nous devons, paraît-il, entreprendre un mouvement tournant, sur la droite, en longeant la frontière suisse pour couper les communications de la
forêt de la Hardt avec le Rhin ! Je suis ravi. On

nous annonce qu'un corps d'armée autrichien vient renforcer le corps badois battu par nous ; nous l'attendrons sur le pont d'Huningue et 'nous jetterons dans le grand fleuve les soldats de François-Joseph. Ce n'est pas pour rien que nous emmenons un beau train de bateaux...

Départ à la nuit close. Je ne doute plus que mes prévisions ne se réalisent. Nous allons faire une grande marche. La première section est avant-garde et nous défilons tous, baïonnette au canon. C'est ma première marche de nuit. Comme cela diffère de celles qu'on fait en plein jour ! On a l'impression d'aller en aveugles dans les bois où l'on s'accroche, dans les prés où l'on enfonce. Pourquoi ne prenons-nous pas la route ?... Voilà que les bruits les plus divers circulent... Je les accueille, d'abord sceptique, ensuite inquiet : L'armée d'Alsace serait dissoute parce que les Badois que nous poursuivions sont partis dans le Nord où se concentre l'effort allemand ; à leur tour, toutes les troupes françaises sont appelées sur ce point... Pour la première fois une idée me point que ça ne va pas partout aussi bien qu'en Alsace.

Notre division va rester en avant de Belfort où elle constituera un groupe mobile de défense. Cette nuit, nous protégeons le flanc de l'armée qui bat en retraite. Je m'explique la raison de tous ces roulements, de ces trépidations, de ces bruits à la fois sourds et puissants qui parviennent jusqu'à nos oreilles.

Après avoir longé quelque temps la voie ferrée, nous descendons le long d'un viaduc immense. Je le reconnais : c'est le viaduc de Dannemarie ; nous arrivons bientôt à la gare du gros bourg, et nous y stationnons longtemps pendant que l'armée française s'écoule. On évacue les ambulances, on évacue tous les services qui suivent les troupes en campagne. Jusqu'au petit jour l'animation reste intense.

Nous retournons en avant pour nous établir à Ballersdorf où nous protégeons les sapeurs du génie qui minent les deux grands viaducs. Je profite du répit qu'on nous accorde pour dormir à poings fermés...

*
* *

Une formidable détonation me réveille en sursaut : le viaduc est devenu kapout. Le spectacle est lamentable de l'effondrement de ces arches puissantes, et je me sens, à cette vue, devenir triste horriblement. La coupure de la voie ferrée termine toutes mes illusions sur une prompte et victorieuse offensive ; elle m'apprend aussi que les Boches sont forts et qu'il est prudent de retarder leur tentative d'avance... Le curé de Carspach aurait-il raison ?

C'est pour moi une diversion heureuse que d'aller dans les maisons ramasser la population mâle susceptible de partir dans l'armée allemande. Les femmes pleurent un peu, mais les hommes sont heureux d'échapper à la férule prussienne.

La *Deutschland über alles* c'est bien beau, mais la guerre c'est bien terrible, et les hommes, que je conduis au poste de police, ont vu la guerre de tout près.

⁎⁎

Dans la nuit, Delomme qui est sentinelle manque de tuer un cheval. La bête ayant renâclé dans un verger voisin, mon père La Fouine a fait les deux commandements réglementaires de : Halte ! N'ayant pas reçu de réponse, il a tiré dans le noir. Le cheval ne s'en porte pas plus mal.

Au matin, nous filons, dans le bois, tendre une embuscade à des douaniers déguisés en paysans et qui nous ont tué un dragon. Cet affût à l'homme me fait penser à l'affût à la bécasse. Hélas ! ce n'est plus le temps des prouesses cynégétiques, et je dois respecter la gâchette de mon fusil quand un énorme chevreuil vient paître à vingt mètres de moi...

⁎⁎

Le régiment part. Nous retournons en France. Une pluie fine qui tombe sans discontinuer augmente encore le petit abattement général. Ce retour ressemble trop à une retraite ; ce n'est pas celui que nous avions rêvé... De nouveau, voici Dannemarie ; le second viaduc est aussi coupé au centre, là où les arches s'élançaient au-dessus de la Largue. Les rails, maintenus par les traverses,

tombent jusque dans la rivière ; on dirait les cor-
dages d'un vaisseau mutilé.

Et la pluie tombe en déluge ! Un compositeur
de la deuxième section chante, sur l'air du *Clairon*
de Déroulède :

> On avance sous la pluie,
> On grogne, on peste, on s'essuie
> Car l'eau ruisselle des fronts ;
> — Cré bon Dieu ! ça c'est trop bête,
> J'ai du jus plein ma musette !
> — Moi, j'en ai plein mes grolons.

Escoffier coupe les couplets par des sonneries,
et le chanteur imagine de fantaisistes tableaux de
nos malheurs. Il n'en faut pas davantage pour
dérider la compagnie qui oublie, en fredonnant,
la pluie qui tombe et le triste retour.

Nous passons la frontière ; mon escouade
échoue dans la grange d'une misérable demeure.

19 août-27 août.

A travers le Sündgaù

BRANLE-BAS de combat, dirait-on, car, en pleine nuit, des coups furieux ébranlent notre porte. Debout ! Debout ! Il faut partir. Une colonne va faire une reconnaissance en Haute-Alsace ; c'est mon bataillon qui est désigné avec une batterie d'artillerie et une vingtaine de dragons.

Les étoiles brillent encore dans le ciel d'un bleu sombre quand nous nous mettons en route ; ce n'est qu'après avoir passé la frontière que nous voyons le jour. Rien n'est changé. Le poteau, brisé à coups de crosse, gît toujours dans le fossé. A Magny, des poules, sur les décombres des maisons détruites, cherchent leur poulailler ; je revois le vieillard qui bouche, sur le toit de sa demeure, les trous des meurtrières.

Il fait bien vite chaud et nous mettons souvent à contribution les arbres fruitiers plantés le long de la route. J'ai un faible pour les quetches, ces bonnes grosses prunes violettes avec lesquelles les gens du pays fabriquent la *Pflaùmenwasser,* l'eau-de-vie de prunes qu'on vend vingt sous le litre.

La route descend en pente douce. Le bataillon, ses éclaireurs en avant, s'avance derrière les dragons qui patrouillent à la lisière des bois...

Pan ! Pan ! Soudain, à notre gauche, un brigadier débouche au galop près de nous. Deux temps, et son cheval s'abat, raide mort. La pauvre bête a reçu une balle au défaut de l'épaule. Le dragon lève les bras au ciel et s'explique : ses deux compagnons sont tombés auprès de lui sans qu'il ait rien vu...

Là-bas, à droite, c'est une véritable fusillade. Nous nous élançons ! Dannemarie est fouillée de fond en comble pendant qu'une section établit, à l'entrée de la ville, une barricade avec les caisses de fleurs et d'arbustes qui sont devant les maisons. Nous autres grimpons, en tirailleurs, le mamelon où s'étale une grosse ferme. Ravaud, le tambour, marche avec ses camarades, un revolver vide au poing. Il n'a pas d'autres armes, puisqu'il est tambour, et il n'a pas encore reçu de cartouches... Qu'il le veuille ou non, Ravaud ne fera pas bien du mal aux Allemands.

De l'autre côté du mamelon, dans la prairie marécageuse, trois corps sont étendus, puis deux

chevaux et, plus loin encore, à un kilomètre, un
dragon couché à côté de son cheval inerte fait des
gestes d'appel... Je cours à lui. C'est un brigadier
qui a le genou troué par une balle, la même qui
a tué sa monture, une jolie petite jument blanche.
Il me raconte en quelques mots l'escarmouche :
Son peloton débouchait vers le viaduc lorsqu'une
quarantaine de cyclistes allemands l'ont criblé de
balles. Trois dragons sont tombés ; les autres ont
chargé. Le brigadier a été emporté par sa jument
blessée jusqu'à ce que celle-ci s'abatte, raide. Un
officier prussien a pansé le dragon et, pour se
payer sans doute, il a fouillé la musette du blessé
et chipé la boîte de sardines qu'elle contenait...

En même temps que nous ramenons le blessé à
la ferme, des brancardiers apportent les morts.
Les dragons n'ont pas souffert ; ils ont été touchés
de plusieurs balles au cœur et à la tête... Le désir
de venger nos malheureux camarades, nous rend
fous. Nous fouillons tous les bois d'alentour, tous
les recoins de la ferme... Je ne trouve qu'un calot
de campagne, abandonné par un cycliste.

⁂

La journée s'est terminée d'une façon plus gaie.
Nous avons fait tout un convoi de prisonniers :
trois veaux et trente-deux superbes cochons, des
Yorkshire énormes, au museau retroussé comme
celui d'un bouledogue. Les bêtes, payées par les

En Haute-Alsace.   **3**

Allemands, étaient destinées au ravitaillement de Mulhouse. La pensée d'être digérés par des estomacs français n'a pas l'air de troubler les habillés de soie d'Alsace. Demain, nous mangerons du boudin.

⋆⋆⋆

On a tué, ce matin, trois cochons destinés à la 24me compagnie. Les bouchers les débitent et chaque soldat choisit à l'avance le morceau qu'il préfère. Celui-ci aime le jambon, celui-là le museau ; le jambonneau ne déplairait point à ce grand caporal et le voiturier se ferait un plaisir de digérer les pieds en vinaigrette...

Le cycliste du colonel arrive à toute allure :

— Réservez pour l'Etat-Major les pieds et les rognons !

Et Monod, le pince-sans-rire de mon escouade, résume ainsi la situation :

— L'Etat-Major aura les rognons et les pieds ; les officiers auront les jambons ; les sous-officiers mangeront les jambonneaux ; les, hommes boufferont le lard. Vive la République !

⋆⋆⋆

Mon petit sergent a reçu ce matin un colis et il y a un bout de saucisson de Lyon. J'en ai eu ma part ! Adieu, les fades saucisses et les boudins sans goût de l'Alsace ! J'en ai encore le palais impré-

gné ! Quelles délices ! Saucisson de Lyon, je te
bénis !

**

Nous sommes devenus terrassiers. Nous cou-
vrons les abords du petit village de tranchées et,
devant ces tranchées, nous plantons des rangées
d'innombrables petits piquets dont nous effilons la
pointe en l'air. Mon escouade fait des trous de
loup ; ce sont de beaux entonnoirs au fond des-
quels nous fichons un gros pieu pointu. Gare aux
Boches qui tomberont dedans !

Nos tranchées sont le plus souvent inondées, et
ce n'est pas amusant d'y demeurer. *Le Courrier
de la Haute-Alsace,* probablement le premier journal de la campagne et l'organe de la 24ᵉ compagnie, conseille de faire l'élevage des grenouilles
ou de désaffecter les tranchées pour en faire un
bassin de radoub à l'usage des cuirassés suisses.
Dans le premier et unique numéro de l'intéressant
journal, la rédaction recommandait aussi à ses
lecteurs de se laver les mains avant que de le lire,
afin que l'impression au crayon restât lisible le
plus longtemps possible.

**

Depuis hier soir à 9 heures, nous sommes en
route. Nous n'avons pas le sac, aussi les kilomètres
s'ajoutent-ils aux kilomètres sans trop de fatigue.

Nous devons surprendre un bataillon de landsturm
en formation à Waldighoffen.

Pan ! Voici le premier coup de fusil de la
journée. Et la fusillade de pétarader aussitôt. Dans
un bois, en avant du village, la landsturm que
nous voulions surprendre, avertie par un cycliste
allemand, nous tire dessus.

« En tirailleurs ! » Les sections, correctement
espacées, s'avancent par bonds. Les balles sifflent,
mais bien haut, au-dessus de nos têtes qui se courbent. « En avant ! » Les bonds se précipitent et
nous voilà à la lisière du bois...

Soudain, derrière nous, le grand frère, le petit
75 pète. C'est le ronflement, l'éclatement et la
grêle des shrapnells en plein au milieu des Allemands qui détalent. Dix coups de canon ; c'est
fini. Tous les Boches sont partis et se sont terrés
dans leurs tranchées profondes.

Le village conservera le souvenir de nos joujoux
français : une grande usine électrique, qui a reçu
trois obus, branle lamentablement.

Nous revenons, puisque notre coup est manqué.
Les kilomètres semblent plus longs parce que nous
sommes bien las et que la chaleur augmente. Ma
section, devenue extrême arrière-garde, est chargée
de ramasser les traînards. Je m'acquitte de cette
charge consciencieusement, mes deux sergents à
bout de souffle ayant grimpé sur le chariot du
docteur.

Nous allons lentement ; j'en profite pour causer

allemand dans les villages, pour haranguer les populations et apprendre aux petits Alsaciens à crier : « Vive la France ! ».

Suivant qu'ils crient plus ou moins fort, ils reçoivent deux sous ou deux pfennigen. Ça fait plaisir aux parents et ça ne me coûte pas bien cher.

⁎

Notre grande distraction est d'aller, le soir, vers la mairie, lire le communiqué officiel. Vivant dans notre petit secteur, sans communication avec le reste de l'armée, nous savons mal ce qui se passe. Nous ne comprenons qu'une chose, c'est que les troupes françaises reculent pour attirer les Allemands au point voulu et en massacrer le plus grand nombre. Les commentaires nous mènent jusqu'à l'heure de la soupe.

16 septembre.

Rien de changé dans notre situation. Nous sommes toujours groupe mobile de la défense de Belfort, groupe des plus mobiles puisqu'une ou deux fois par semaine, nous faisons de lointaines randonnées. Notre but est toujours le même : nous ramassons les jeunes gens susceptibles d'être incorporés et tous les territoriaux non encore partis. Cette tâche est très simple ; on entre dans la mairie avec quatre hommes, baïonnette au canon ;

l'instituteur donne la liste des conscrits que des patrouilles vont chercher. Et nous ramenons en France des tas de futurs soldats allemands.

17 septembre.

Nous venons encore de faire une immense randonnée à travers le Sùndgau. Cette fois, plusieurs escadrons de dragons et une compagnie cycliste nous accompagnaient pour couvrir notre flanc gauche.

Nous sommes allés bombarder, à Vieu-Ferrette, le château de monsieur Wolf où se réunit toute une assemblée d'espions...

Cette partie du Sùndgau est des plus pittoresques ; c'est déjà une petite Suisse. Des collines très boisées enserrent la route ; il ne ferait pas bon circuler dans certains défilés si les soldats allemands en occupaient les hauteurs. Des ruisseaux clairs et abondants cascadent partout ; dans les vallons, délicieusement ombragés, les scieries et les moulins qui tournent me rappellent des paysages du Haut-Bugey avec plus de verdure encore.

Dans les villages, l'accueil est vraiment cordial. Les habitants se pressent sur notre passage ; un vieux arbore fièrement sa médaille de 1870. Il a fait, paraît-il, la charge de Reichshoffen. Malheureusement, le bonhomme ne connaît pas notre langue, pas plus que le *Richtig Deutsch* (langue allemande). Il ne converse qu'en patois alsacien et son vocabulaire français ne possède que les mots de « Vive la France ! » Par exemple, il en use de son vocabulaire ! Il hurle des « Vive la France ! » si fort qu'il s'en étrangle et devient rouge comme une tomate, à nous faire craindre une congestion.

Nous quittons la grande route pour laisser Ferrette à notre gauche. Nous traversons à présent un plateau, un admirable plateau cultivé. De tous les champs de betteraves, de grands lièvres roux s'enfuient. Paisiblement, de vieux cultivateurs penchés sur leur charrue préparent la moisson future. Leur attelage, composé d'un cheval et d'un bœuf, me surprend. On m'explique que le cheval oblige le bœuf à aller plus vite et le bœuf oblige le cheval à aller plus lentement. J'accepte l'explication.

Les cultivateurs paraissent étonnés de voir des soldats français. Au fait, savent-ils que nous sommes en guerre ? Dans ce calme paysage tout le fait oublier... Quelques coups de fusil, loin à gauche, nous rappellent à la réalité. Nos dragons patrouilleurs ont dû rencontrer des éclaireurs ennemis.

Nous descendons dans un gros bourg, Sondersdorf. Les poutres bleues ou marrons des maisons font ressortir la blancheur des murs crépis ; de lourdes treilles s'accrochent aux façades et les petites fenêtres s'enfoncent sous les pampres garnis de grappes. Notre arrivée cause une surprise sans bornes. Des soldats français à Sondersdorf, alors

que des régiments allemands se concentrent à la
frontière suisse !...

— Il y en a plein les bois, me souffle, pour
m'avertir, un campagnard dont la coiffure me rappelle les bonnets alsaciens vus sur de vieilles
images.

S'il y en a plein les bois, il y a là aussi un
bataillon d'infanterie française. Le peloton cycliste
nous a dépassés et file à toute allure au village en
avant ; les escadrons de dragons nous couvrent sur
le flanc gauche ; derrière nous, une batterie de 75
est prête à nous soutenir.

Pendant que des postes sont installés à toutes
les issues du village, je vais à la mairie, à la
recherche de l'instituteur. Dans la salle des délibérations, entre un portrait géant du kaiser et de
sa digne épouse, un parchemin richement encadré,
à l'allemande, attire aussitôt mes regards. C'est
l'original de l'octroi des chartes à la ville de Sondersdorf par Louis XIV ; la griffe du roi-soleil
s'étale sous l'acte. Je trouve bien grande la dis-
proportion entre les portraits gigantesques des
souverains allemands et le petit parchemin du
grand roi français.

L'instituteur tarde à venir. Heureusement, le
curé de la paroisse, qui parle admirablement notre
langue, nous donne l'adresse de tous les gens susceptibles d'être incorporés dans les rangs allemands... Nous parlons ensuite du retour de
l'Asace à la France, retour qui se fera sans diffi-

culté, « avec beaucoup de joie », me dit mon aimable interlocuteur, qui s'enthousiasme à la pensée de redevenir Français. Le brave prêtre nous quitte pendant que nous dressons la liste des conscrits...

Une altercation, qui a lieu dans l'escalier, me fait dresser l'oreille. C'est l'instituteur qui interpelle le curé en allemand :

— Votre compte est bon. Les Allemands ne sont pas loin. Vous serez fusillé pour avoir donné des renseignements aux Français...

Quelle chance de comprendre la langue ennemie ! Je cueille le mouchard dans l'escalier et je le conduis au colonel à qui je raconte l'incident. Monsieur l'instituteur aura le plaisir de nous accompagner jusqu'en France... Nouveau coup de théâtre : Le maire arrive de Mulhouse ; il manque défaillir à notre vue et sa stupéfaction nous plonge dans une vive gaieté. Des Français dans ma commune ! Mais cela ne se peut pas ! A Mulhouse, on prépare les drapeaux pour fêter l'entrée des Allemands à Paris ; Verdun est pris ; Nancy est pris... et les Français sont là !... Monsieur le Maire, vous vous enthousiasmez beaucoup trop pour des succès qui n'existent que dans l'imagination de vos compatriotes, et votre enthousiasme a besoin d'être assagi. Vous vous joindrez à votre digne instituteur ; vous verrez que la France est encore solide...

Mais que vois-je ! Les soldats ont, pendant ces événements, fait ample connaissance avec la popu-

lation qui les entoure et tous ont des bouteilles à
la main; Monod tient une fiole de schnaps, Mangeot
dévore un morceau du speck ; tranquillement assis
sur le seuil d'une demeure, deux soldats mangent
des saucisses. Mes amis, mes amis, ce sont des
kilomètres qu'il nous faut avaler cet après-midi ;
ménageons nos estomacs.....................
....
....
....

Un escadron de dragons débouche avec aussi
une colonne d'Alsaciens. On me raconte qu'une
patrouille de cet escadron est allée jusqu'au Rhin,
qu'elle a même franchi sur le pont d'Huningue.
La compagnie cycliste revient à son tour ; elle a
tiraillé contre des patrouilles boches ; un soldat
montre orgueilleusement le trou qu'une balle allemande a fait à travers le guidon de sa bicyclette.
On part. Les femmes pleurent parce qu'on emmène les hommes valides. Monod se dépense pour
les consoler. Nous disons tous : « Au revoir » à
ceux qui restent et la colonne s'ébranle en même
temps que des coups de canon éclatent. C'est le
château du dénommé Wolf qui reçoit sur la cafe-
tière.

★
★ ★

Seguin et moi l'avons échappé belle hier au soir.
Nous revenions; loin derrière la colonne, avec un
traînard ramassé sur le bord de la route, et nous

n'avions pas quitté Pfetterhaùsen, que des uhlans et des cyclistes allemands y pénétraient.

Comme nous, ces uhlans et ces cyclistes parcourent la Haute-Alsace pour ramasser les réservistes et les jeunes conscrits. Leur grande mobilité les sauve toujours et nous n'avons pas encore pu en démolir un seul. On a créé un corps de cyclistes pour les poursuivre...

18 septembre.

Notre peloton cycliste a bien débuté. Il a tendu une embuscade aux Boches et l'officier qui les précédait sur une motocyclette a été proprement descendu. Les cyclistes Français ramènent la machine triomphalement.

Nous faisons bombance, ce soir, avec une carpe pêchée dans l'étang voisin. Il y a longtemps que nous n'avons pas eu une fête pareille, mais le vin est abominable et l'eau du plateau de Belfort ne me dit rien qui vaille.

19 septembre.

Le capitaine a demandé des hommes pour constituer un groupe de volontaires. Ce groupe est destiné à parcourir l'Alsace pour détruire les patrouilles allemandes qui infestent le pays et nous tuent du monde sans qu'on puisse le leur rendre.

Toute la troisième escouade a levé les deux bras...

Départ dans l'après-midi. Nous retournons en

Alsace pour nous y installer. Bravo ! J'aime l'Alsace, et le village frontière où nous campons depuis trois semaines est vraiment trop malpropre.

27 août-19 septembre.

Dans les Vallées de la Largue et de l'Ill

NOUS sommes arrivés dans un petit village tassé au flanc d'un coteau très boisé ; nous y camperons cette nuit.

Immédiatement, je me mets en quête d'œufs et de beurre pour faire « rédiger » une omelette que nous mangerons en attendant l'heure de la soupe. L'Alsacienne, qui me vend les produits de sa ferme, me parle de son fils. Il est à la guerre et, depuis le 3 août, il n'a pas donné de ses nouvelles. Et la mère éprouve le besoin de me montrer sa photographie accrochée sous le Christ de la maison.

Quelle brave tête ! Sanglé dans la tunique, des yeux naïfs et rieurs, le petit Alsacien semble mal à son aise entre les deux canons braqués de cha-

que côté de sa bonne figure et sous les regards
flamboyants du kaiser qui paraît, au milieu des
drapeaux de l'empire, en compagnie du Dieu des
armées.

Voilà pourtant un de ces Allemands que je serai
peut-être obligé de tuer tout à l'heure. Gêné par
cette pensée qui m'est venue, je raccroche le portrait, tandis que l'Alsacienne essuie ses yeux avec
le coin de son tablier noir.

*_**

C'est dimanche. « Rien à signaler », a fait
savoir le chef du petit poste qui nous protège.

« Si vous voulez assister à la messe, m'a-t-on
dit, équipez-vous, vous accompagnerez le lieutenant ».

L'église de Mertzen se dresse coquettement sur
une petite colline et une foule d'Alsaciens et d'Alsaciennes arrive par tous les chemins.

Notre capitaine a reculé la ligne d'avant-postes
pour que les fidèles puissent faire leurs dévotions.
Sa façon d'agir a causé un plaisir inouï aux habitants. Un village, dans la direction de l'ennemi,
n'a pas pu jouir de la même faveur, et il faut voir
au barrage ces braves gens désolés faire demi-
tour après avoir jeté un regard d'envie sur leurs
coreligionnaires plus favorisés. Quelques-uns
même font un grand crochet par les prairies inondées pour arriver à l'église.

Notre entrée cause une petite impression. Cet

officier, suivi de neuf hommes en armes, et pénétrant dans l'église toute rouge et or, n'est pas sans occasionner quelque émoi. Et puis, nous commençons par commettre un gros impair ; nous sommes allés nous mettre du côté des dames. Dans toute l'Alsace, chaque sexe a son côté de l'église ; les enfants se tiennent vers le chœur et les grandes personnes, suivant leur âge, s'agenouillent derrière eux. Côté hommes, il y a un grand trou au milieu. Ce sont les bancs où venaient prier ceux qui, maintenant, un casque pointu sur la tête, combattent pour la plus grande Allemagne. C'est dans ce trou que le suisse nous conduit : les combattants français remplaceront les guerriers allemands...

En attendant le sermon, j'ai pris quelques croquis. Le suisse surtout est magnifique et je crains bien d'avoir un peu troublé les croyantes alsaciennes.

J'attendais le sermon avec curiosité ; j'ai été déçu. Au lieu des développements sur les événements actuels que je me réjouissais d'entendre commenter par un Alsacien, le prêtre a oublié qu'il y a des nations qui s'entr'égorgent, qu'il y a des hommes qui se haïssent et qui se tuent. Il a prié pour demander la fin de la guerre et, après l'office, il a récité des prières pour le repos des soldats morts pour leur patrie. Alors, les têtes des assistants se sont inclinées davantage et les coiffures des femmes et des mères ont eu un balancement semblable, comme si une rafale passait...

A la sortie, nous sommes entourés. Un vieil Alsacien, à la casquette bleue, nous demande :

— Il y a donc encore des catholiques en France ?

Le Kaiser s'est tellement servi du *Gott nur mit uns* (Dieu seulement avec nous), il a tellement mélangé ses droits temporels avec le droit divin, le Dieu des armées et le dieu de ses ambitions, il a tellement dit que la France ôterait son curé au vieil Alsacien que celui-là l'a cru...

L'arrivée de l'officier français et les neuf hommes en armes a bigrement fait plaisir à la population de Mertzen et nous avons bien travaillé pour l'influence française.

25 septembre.

Le régiment a trinqué hier.

A deux heures du matin, nous sommes partis d'un cantonnement d'alerte pour Waldighoffen. C'est un point qu'il importe de surveiller parce qu'à cette station de la ligne Altkirch-Ferrette vient se raccorder le tronçon en voie d'achèvement qui va à Saint-Louis d'Huningue. On nous a signalé, à Waldighoffen, la présence d'un bataillon badois.

Dix minutes après le départ, les coups de fusil claquent ; la 17e compagnie, qui marche en tête, vient de donner en plein dans un peloton de cyclistes ennemis. Les fantassins chargent les Allemands qui détalent. Au petit jour, nous capturons dans un village cinq dragons et deux fantassins boches ; la cavalerie du régiment s'accroît aussi de trois beaux chevaux. Nos prisonniers donnent de précieux renseignements : Waldighoffen est occupé par de nombreuses troupes. Mon régiment se déploie pour aller les tâter. Toute la brigade est avec nous et trois batteries de 75 sont prêtes à intervenir. Malheureusement, le brouillard s'étend, épais à couper au couteau ; l'artillerie remplira difficilement son office.

Bientôt, la fusillade éclate avec violence. La ligne de patrouilleurs est arrêtée par des tranchées d'où partent de nombreux coups de fusil. Une batterie allemande crache également sur nos fantassins. Ça va chauffer !...

Ça chauffe toute la journée. L'une après l'autre, les compagnies se portent sur la ligne de feu. Le brouillard se dissipe. Nos canons entrent en branle. En quelques minutes, ils tirent un millier d'obus sur les tranchées ennemies et les Allemands évacuent quelques trous de première ligne.

A présent, le soleil étincelle ; les plateaux sont incendiés de rayons et le dôme des bouquets de bois est tout rouge. Dans un creux, une section s'avance déployée, puis chaque homme traverse le terrain découvert au pas de gymnastique, en faisant le gros dos. Ma compagnie, massée dans un petit bois, attend son tour. Les blessés arrivent, soutenus ou portés par des camarades ; les brancardiers les prennent, leur font un pansement sommaire et les emmènent. Un homme qui a les reins traversés râle ; on apporte, sur un brancard, le corps déjà raidi d'un caporal ; un lieutenant blessé attend qu'on puisse s'occuper de sa blessure. Les songeries des hommes en réserve sont graves en voyant revenir si lamentables ceux qui les précèdent...

Les Boches ont reçu des renforts. Nous devons nous replier. Quel impressionnant retour que celui de la ligne de feu, dans la nuit et le silence ! Après avoir eu le cerveau martelé, pendant des heures, par les détonations incessantes, il est comme endolori, et le silence l'inquiète autant qu'il le soulage. Sous les grands bois, tout semble hostile et plein de dangers ; dans les prairies, blanches de lune, la tristesse est plus grande encore. Nous avons bien enlevé tous nos morts, évacué tous nos blessés, mais leurs traces y sont toujours. C'est un sac abandonné, un képi, une capote en lambeaux, un équipement, une baïonnette tordue, c'est le champ de bataille où la mort, où la souffrance ont passé, et les pauvres épaves qu'elles laissent accroissent l'émotion douloureuse d'un retour après le combat.

26 septembre.

Ce matin, nous avons enterré les morts de notre régiment. Sur un autel improvisé, dans le cimetière de Dannemarie, un capitaine aumônier a dit la messe funèbre.

Il y avait de nombreuses Alsaciennes à la cérémonie ; elles pleuraient à chaudes larmes et leur chagrin me faisait mieux comprendre que les guerriers ne souffrent pas seuls de la guerre.

On a cousu nos morts dans des linceuls, on a pleuré sur leurs tombes. Ils sont parmi les heureux. Les charniers du Nord nous font frémir. On aime, quand on se bat, espérer le petit trou à soi où quelque âme sensible viendra, un jour, se souvenir de vous en vous nommant...

Le Haut-Bugey a beaucoup payé dans le combat de Waldighoffen. Un Nantuatien, un Oyonnaxien, un gas de Brénod et un soldat de Bussy sont tombés, mais il reste, au régiment, assez de Bugistes pour les venger.

*
* *

Il fait froid et les nuits aux avant-postes sont glaciales. Ça commence à devenir long ! Les officiers américains, qui estiment que la guerre doit durer un an, ne nous rassurent guère.

Et moi qui espérais, en quittant ma maison, que ça n'irait pas jusqu'au bout !

6 octobre.

Il pleut, il fait mauvais. On fait connaissance avec le cafard, surtout pendant les nuits déjà si longues.

Nous sommes, depuis quelques jours, dans un petit village enseveli dans les bois. Les Allemands approchent et, tous les jours, nos patrouilles tiraillent avec des patrouilles ennemies. Depuis Largitzen, nous protégeons la vallée de la Largue ; de l'autre côté des grands bois, c'est la vallée de l'Ill par où les Allemands s'avancent entre nos lignes et la frontière suisse. Je crois que nous aurons bientôt notre revanche de Waldighoffen.

⁂

Nous revenons, vingt-six volontaires, de faire une patrouille. Nous sommes allés, loin dans le bois, tendre une embuscade le long d'un chemin où circulent journellement des cyclistes allemands. Je n'ai vu que cinq chevrettes qui, queue à queue, ont passé à dix mètres de moi. Quelles chasses on doit faire dans ces pays bénis de Saint Hubert ! J'ai dû laisser passer les chevrettes en me contentant de les mettre en joue, geste platonique qui ne pouvait pas dénoncer notre présence à l'ennemi.

Au retour, nous avons perquisitionné chez un garde-forestier. C'est un vieux de 1870. Dans tous les recoins de sa coquette petite maison, il y a des animaux naturalisés, quadrupèdes et oiseaux de toutes sortes, et même une superbe tête de loup.

Ce vieillard m'a rappelé le brigadier Frédéric d'Erckmann-Chatrian. Il est passionné de son métier ; c'est un amoureux fervent des grands bois placés sous sa surveillance ; il parle avec tendresse de ses chênes et de ses hêtres gigantesques, de ses pépinières de frênes et de ses plantations de sapins. Il a même écrit toutes sortes d'observations curieuses sur les mœurs des chevreuils et sur les habitudes des hérons qui nichent dans ses étangs. Le brave forestier s'attendrit sur le sort des faisans et des lièvres que la guerre va bien faire souffrir.

7 octobre.

Enfin, nous avons eu notre revanche ! Les Allemands nous ont attaqué et ont dû rebrousser chemin en abandonnant leurs morts et des prisonniers.

Il faisait, ce matin, un tel brouillard qu'au moment où nous allions partir pour notre embuscade quotidienne, le capitaine nous a arrêtés en disant que nous risquions de nous perdre dans le bois et qu'il fallait remettre au lendemain la partie. Aussi étions-nous tranquillement à nous reposer dans nos granges quand, à bride abattue, deux dragons sont arrivés :

— Une forte colonne allemande s'avance, précédée de patrouilles. Aux armes !...

Avec Monod, Mangeot et trois autres, nous courons pour nous jeter dans la petite tranchée avancée, dans le bas-fond du plateau.

Des cultivateurs labourent à quelques mètres devant nous. Je mets à contribution les connaissances linguistiques d'Etienne, — Etienne, c'est Monod, — pour aller informer les laboureurs qu'une attaque va se produire. L'annonce produit un effet instantané qui nous amuse : la charrue est dételée et les braves bœufs semblent tout surpris de rentrer, à grand renfort de coups de trique, leur tâche loin d'être achevée...

Soudain, dans le brouillard, deux ombres se profilent, deux ombres de cavaliers que la brume fait paraître énormes. Dragons français ou uhlans ?... Nous ne savons que penser. Eux-mêmes, le fusil à la main, doivent nous voir et s'inquiéter de notre nationalité... Le doigt sur la gâchette du Lebel, lentement, à reculons, nous gagnons notre tranchée. Les deux ombres disparaissent. Nous maudissons le brouillard qui nous empêche de distinguer un objet au-delà de cent mètres et, les yeux écarquillés, nous scrutons le plateau, échangeant, à voix basse, nos impressions.

— Là, devant nous,... cette ombre,... n'est-ce pas un Boche qui s'avance en rampant ?...

— Non, c'est un vieux pommier.

— Mais là, à gauche, ce qui bouge ?...

— Imbécile ! C'est la charrue abandonnée par le père Schmidt...

— Là, là,... juste sur les crêtes, ces masses ?... mais ça remue !...

— Oui... Attention, il y a des patrouilles françaises en route. Merle est parti avec Pernod, Filliat et Marchand...

— Je te dis que c'est des Boches. Regarde ! Regarde !... Il y a du jour entre les jambes... Regarde ! Ils ont le sac !

— Oui, c'est des Allemands ;... il y en a cinq...

— C'est eux, je te dis... regarde le casque à pointe...

— Allons, ça y est... Feu !...

Trois des ombres se sont affaissées, comme si elles avaient soudain disparu dans un trou. Les autres fuient, saluées par une deuxième décharge. En même temps, la crête se couronne de casques et, sur notre parapet, une musique à laquelle je ne suis pas habitué commence. Floc ! Floc ! Floc ! Un petit nuage de poussière... Nous n'attrapons rien. La tranchée est une belle invention ; je caresse l'épaulement qui nous protège si bien... Les casques pointus se sont aussi cachés, mais les balles tombent toujours aussi drues. On ne voit plus rien, par contre, nous entendons des coups de sifflet, des commandements en allemand, et puis :

— *Franzosen, à la baïonnette !*...

— Ils vont nous charger, murmure Guillon.

— Non, ils veulent que nous sortions, déclare Mangeot, qui connaît les Allemands.

— Ils se fichent de notre figure, conclut Monod, qui attend, flegmatique, devant son créneau.

Au fait, nous sommes cinq dans la tranchée. Vous pouvez crier *à la balonnette !* messieurs les Boches, nous ne tenons pas à vous faire connaître nos plus que maigres effectifs.

Des autres tranchées, on tire aussi et les balles passent au-dessus de nos têtes... Psitt, psitt, psitt...

— Ecoutez les mouches, murmure Jolivet, d'Artemare...

Peu à peu, le brouillard se dissipe mais, dans notre bas-fond, il reste si compact que nous ne

voyons pas jusqu'à la crête où les Allemands se
sont montrés. Pourtant, à gauche, sous un petit
pommier deux ombres m'inquiètent et, pour en
avoir le cœur net, je leur aligne soigneusement
quelques coups de fusil.

Ah ! on m'envoie du renfort. Homme par
homme, — qu'est-ce qu'ils vont prendre ! — toute
la demi-section rapplique en rampant. Minutes
d'angoisse... Delomme a le talon écorché par une
balle ; le képi de Mathieu est traversé... Les autres
nous arrivent sans égratignure. Nous sommes
bénis ! Le sergent vient le dernier et, au moment
de se jeter dans la tranchée, une balle lui traverse
l'épaule. Je deviens infirmier. Mon pauvre Bruleport est bien atteint : le projectile est sorti sous
l'omoplate, faisant une plaie ronde comme une
pièce de cent sous.

Un pansement fait à plat ventre demande de
longues minutes. Le bout de la tranchée, où le
sergent est étendu, remonte un peu et, de la crête,
les Boches que nous ne voyons pas nous voient et
peuvent nous tirer dessus. C'est très désagréable...

Enfin, j'ai fini, et Bruleport fume une cigarette.
Il souffre beaucoup, mais ne veut pas se plaindre.
Je reprends ma place pendant que Monod, pour
nous faire rire, tourne ses mains, entre chaque
rafale, au-dessus de la tranchée :

— Elles font, font, font, les petites marion-
nettes... chante-t-il à tue-tête.

Le brave type !

Et cela dure quatre, cinq heures, pendant lesquelles les Allemands ont essayé un vaste mouvement tournant, mais ils sont tombés sur les compagnies, venant à notre secours, qui leur ont tué et capturé des hommes.

**

J'ai eu la stupide idée d'aller visiter, en avant de nous, le champ de bataille. A la faveur de la brume, les Allemands ont pu enlever tous leurs blessés, mais la quantité d'armes et d'équipements abandonnés nous prouvent que leurs pertes ont été importantes. Nous ramassons même un superbe tambour tout neuf, un de ces tambours plats dont le fût est peint aux couleurs allemandes. Il ne résonnera plus pour lancer les Prussiens à l'assaut...

Sous le petit pommier, à l'endroit où j'ai tiré sur deux silhouettes, deux hommes baignent dans leur sang. C'est un petit sergent brun, soigneusement habillé et un immense soldat à la blessure horrible qui lui a fait éclater la tête comme une citrouille. C'est atroce.........................
. . . .
. . . .
. . . .
. . . .
. . . .

Escoffier, le clairon, rentre avec deux prisonniers qui vont s'ajouter aux autres. Sur des brouettes, on emmène au poste de police les corps des Prussiens tués. Largitzen est entre de bonnes mains et nous avons vengé les morts de Waldighoffen.

*
* *

Alerte, à minuit. Botex a tiré sur un Boche qui, au galop, venait se rendre. Heureusement pour le Boche, Botex est myope comme une taupe ; notre prisonnier nous a donné toutes sortes de renseignements : Nous avons été attaqué par six compagnies ; elles ont laissé quatre cents hommes. Nous n'avons pas perdu notre journée...

9 octobre.

Bien entendu, depuis deux jours, nous ne parlons que du combat du sept. Chaque soldat a vu l'attaque à sa manière et la raconte à sa façon. Le sergent Merle a bien failli être pris avec sa patrouille. Une trentaine d'Allemands étaient sur le point de les entourer et Pernod allait les charger lorsque nos premiers coups de fusil ont fait coucher les Boches, ce qui a sauvé nos patrouilleurs.

On a trouvé dans le bois neuf corps d'Allemands. Ce sont nos balles perdues qui sont tombées dans deux compagnies de réserve massées à l'orée de la forêt. Pour des balles perdues, on ne pouvait mieux demander...

14 octobre.

La première section a encore échappé hier au danger. Pendant deux heures nous avons été arrosés par des shrapnells. Etendus dans des prés, sous la grêle d'obus, — il en est tombé plus de trois mille, — nous avons eu peur, je l'avoue humblement pour ma part, horriblement peur.

Cette mort qui vous taquine comme une grosse mouche d'été, qui va, vient, s'approche et s'éloigne, accomplit son œuvre à vingt, trente mètres de vous, est un véritable supplice. Il est idiot et terrible ce cigare qui, parti bêtement de derrière une colline, va plus bêtement encore, ici ou là, tuer le meilleur, le plus utile, ou semer sans résultat ses morceaux de fonte.

On se révolte contre un mal dont on ne peut se défendre et qui vous atteindra là-bas, si l'on y va, ou là, si l'on y reste. Il n'y a qu'une chose à faire : se ramasser, s'écraser, s'incruster dans le sol et... attendre.

On meurt de peur, mais on rit, mais on blague parce qu'une sorte d'orgueil humain subsiste dans votre détresse et qu'on ne veut pas avoir l'air d'avoir peur.

Ça, c'est une grande vertu de la guerre : si l'on n'a pas l'air, le voisin ne voudra pas avoir l'air, et tous auront ce sentiment, et cela sauve des pires situations. La frousse intime est sans danger, mais la frousse communicative, celle qui naît d'un cri, d'un aveu, d'un geste d'effroi est une calamité.

Pour ne pas « avoir l'air », j'ai dessiné, entre les rafales, la tête de Guillon et celle de Seguin étendus à côté de moi. Ils ont trouvé ça épatant ;

n'empêche que j'avais peur et, en plus, un gros, gros cafard, parce que je venais de perdre Prusco, parce que mon petit chien était tombé au champ d'honneur.

Voici l'histoire de Prusco :

*
* *

Le chien est l'ami de l'homme ; il l'est plus encore quand cet homme est soldat. Il le suit dans sa dure destinée ; il en partage les bons et les mauvais moments. C'est l'ami fidèle et sûr que l'infortune ne décourage pas.

Depuis le début de la guerre, mon régiment s'est augmenté de pas mal d'unités : les chiens errants que l'incendie, le pillage, la faim ont chassés de leurs gîtes. D'abord, ils ont suivi la colonne, puis chacun d'eux a trouvé sa place, s'est attaché à l'escouade de son choix. C'est ainsi que le bureau de la compagnie a hérité d'un superbe colley irlandais, aux poils longs et soyeux, et que les mitrailleurs possèdent un magnifique chien policier, fort comme un loup.

Mais personne n'aurait voulu Prusco ; tout le monde repoussait Prusco. Alors j'ai pris Prusco et, pendant deux mois, il fut mon meilleur ami.

*
* *

C'était, au début d'août, pendant la première marche sur Altkirch. Sous un ciel ardent, nous

avions doublé les étapes. Quand le soir vint avec
le repos, nous étions rendus.

Couvert de poussière, la langue pâteuse, le
corps douloureux de lassitude, je me laissai tomber
près de gerbes d'avoines que les paysans avaient
abandonnées dans leur fuite. Les convois de blessés passaient sur la route ; leur vue n'était pas
pour me réconforter, et j'étais bien sombre quand
Prusco s'approcha de moi.

C'était un bien vilain chien, un horrible roquet-
bouledogue, avec des oreilles coupées, un poil
hirsute ; sans forme, sans couleur, sale et ébou-
riffé. Il avait faim, il aimait la compagnie des
hommes et, nulle part, il n'avait trouvé le morceau de pain et le bon accueil dont il avait besoin.
Au fond de ma musette, je trouvai un croûton et,
tandis qu'il le dévorait, j'essayai de lisser les poils
revêches du laid petit animal. Quand il eût mangé,
il se coucha contre moi. Pour toujours, il m'adop-
tait pour maître.

Pendant deux mois, Prusco salua mon réveil
par ses cris exubérants ; pendant deux mois, lorsque je m'étendais, au hasard de la halte, pour
dormir, Prusco s'étendait sur mes pieds et les
réchauffait ; pendant deux mois, j'ai roulé dans les
bois et les plaines, précédé de ce chien sans race,
de l'infatigable cabot qui m'aimait et que j'aimais
de tout cœur.

Et puis Prusco mourut, humble petite victime
de la grande guerre.

***

Hier, le bataillon est parti pour prendre Bisel que les Badois avaient occupé quelques jours auparavant.

Au petit jour, nous entrions déjà en contact, et Prusco répondait par un aboiement furieux à la première balle de la journée. Une tranchée ennemie est prise à la baïonnette. Je me mets à la recherche d'un Boche que j'ai vu se défiler, sous les balles, derrière un petit monticule. Je le découvre, étendu, faisant le mort. L'aiguille française lui a bientôt rendu la vie et, sans manifester de rébellion, il accepte de me suivre.

Le beau type de Boche qu'est mon prisonnier ! Il a de grosses lunettes, un casque tombant jusqu'aux oreilles, une moustache à la Guillaume. Il me fait penser au Herr professor Knatchké de Hansi. Il a peur qu'on ne le fusille, comme on le croit en Allemagne. Sur ma parole qu'un Français respecte son prisonnier, il se rassure et m'offre la dragonne qui orne son sabre. Un objet de plus pour mon petit musée de souvenirs.

Au retour, Prusco marche allègrement devant nous. On dirait qu'il a part au butin, qu'il aime être vainqueur. Lorsque j'ai remis ma prise au commandant, le chien manifeste sa joie par des bonds, par des cris qui font une fanfare autour de nous.

Me voici, de nouveau, couché dans un sillon,

près de mes camarades. En face, du grand bois de Bisel, on nous tire dessus. Prusco, encore joyeux, oublie d'être prudent...

C'est alors qu'une balle l'atteignit, emportant son museau camus, au ras des yeux. Avec un hurlement affreux, Prusco se jeta dans mes jambes... Je verrai longtemps sa pauvre face sanguinolente devenue une vision de cauchemar.

Un camarade a bien voulu achever le supplice de Prusco ; moi, je n'aurais pas pu...

Puis les obus se sont mis à tomber.

Hagenbach

E coquet petit village et comme il est bien alsacien ! Il est tout à fait tel que je m'imaginais l'Alsace, après avoir lu *Le Jambon de Mayence,* et les demeures n'ont pas dû changer depuis un siècle. Peut-être les tuiles vernies qui couvrent les maisonnettes ont-elles remplacé le chaume antique, mais ces murs faits de terre et de paille hâchée, mais ces poutrelles de bois peint qui les soutiennent et qui s'enchevêtrent en tous sens, mais ces petits auvents qui encapuchonnent les portes et les fenêtres, c'est bien la maison alsacienne comme je l'avais vue dans mes livres d'enfant.

Les gros tas de fumier ne sont pas déplaisants à voir, tellement ils sont bien rangés et peignés.

C'est l'orgueil du paysan qui les étale tout près de son seuil. Ils sont le signe de la richesse, et le galant qui vient courtiser son amie s'assure, d'un regard jeté sur le tas d'engrais, que celle qu'il aime est une héritière.

Hagenbagh est un village riant et propre, enseveli dans des vergers herbeux ; hélas ! on ne voit plus sur la tête des jeunes filles le grand ruban noir et sur celle des gas qui fauchent le regain, le feutre aux bords relevés, tels que les avaient connus les vieux de 1870.

Hagenbach nous accueille d'une manière charmante. Là, on paraît oublier que les soldats en pantalon rouge viennent pour tuer les maris ou les frères de celles qui nous offrent l'hospitalité, et nous oublions aussi que les vieillards et les femmes qui nous reçoivent si bien ont des fils ou des époux sous les drapeaux du kaiser.

Je loge dans une immense remise attenant à une grosse ferme ; à côté de ma demeure, le clocher de l'église s'élance et, depuis deux mois, le coq gaulois qui le surmonte est redevenu français.

Je ne sais pas si les Alsaciens désiraient, tant qu'on le disait, nous voir revenir, en tout cas, ils détestent les Allemands, les *Schwobs*, dont ils parlent avec un curieux mélange, où l'admiration qu'ils ressentent pour leur force s'allie avec la haine la plus forte. Ils rabattent souvent notre enthousiasme optimiste par des chiffres et des faits qui nous rendent rêveurs.

J'ai causé longtemps de la guerre avec un jeune cultivateur, un *ùntaùglich*, c'est-à-dire exempt du service militaire. Dans un allemand dont la pureté surprend en Alsace, il me raconte les espérances prussiennes. Aux annonces que je lui fais des défaites des armées du kaiser, il sourit. Il rit franchement lorsque je lui parle de la famine prochaine et de la pénurie d'argent qui menacent l'Empire. La famine ! mais les Etats-Unis sont gagnés complètement à la cause allemande et ils ravitailleront nos ennemis autant et aussi longtemps qu'il le faudra. L'argent ! mais le kaiser en trouvera toujours parmi son peuple. L'Allemagne est au-dessus de tout !

Je n'ai su que répondre aux affirmations du jeune cultivateur et je n'ai pu qu'admirer l'habileté de Guillaume, qui a créé le dogme de son invincibilité. Voici ce que m'a dit une religieuse, institutrice française avant 1870 : « Nous ne pouvons pas nous plaindre d'être Allemands parce que le kaiser est le plus juste des hommes. Vous ne pouvez pas vous figurer combien il est aimé. Il n'a pas voulu la guerre ; ce sont les Russes qui l'ont commencée. Que ces Russes sont donc barbares pour avoir déchaîné un pareil fléau ! Aussi je prie pour les Allemands et les Français, mais je ne prierai jamais pour les Russes ».

J'essaie de rétablir les faits historiques ; je parle de l'agression allemande ; pour frapper la sœur dans ce qui doit l'émouvoir davantage, je lui an-

nonce le bombardement de la cathédrale de Reims.
La sœur hoche la tête, sceptique.

Le fils de l'instituteur, un lycéen de quatorze
ans, me demande quelle situation il pourra trouver
en France après la guerre. Le petit ne perd pas le
Nord !

Les vieux Alsaciens ont plus confiance dans la
France. Quelques-uns ont fait la campagne de 1870
et arborent avec fierté la médaille commémorative.
Ils savent aussi que les bas de laine de leur ancienne patrie ne sont pas vides, et de beaux bas
de laine bien remplis, c'est une force. C'est tellement une force qu'ils empochent en souriant nos
pièces françaises et qu'ils font la grimace quand
ils reçoivent des marks.

On peut lire dans tous les villages alsaciens
occupés par le groupe mobile de Belfort, un ordre
interdisant aux habitants de livrer leur bétail aux
armées allemandes. Cet ordre est bien inutile. Les
Alsaciens ont été roulés par les Prussiens et... ils
ne marchent plus.

A grands renforts de réclame, le général commandant les forces allemandes massées le long de
la frontière suisse avait amené quelques cultivateurs à conduire leur bétail aux différents points
occupés par ces troupes. Là, point de contesta-
tions : rubis sur l'ongle, en belles pièces d'or, les
cultivateurs furent payés royalement et s'en revinrent montrer leur gain à leurs compatriotes.

L'effet fut considérable ; les Alsaciens allèrent,

nombreux, conduire qui une vache, qui un cochon,
au quartier général allemand de Saint-Louis. Mais,
comme dans les légendes où le diable paraît, il n'y
avait plus de belles pièces d'or mais des bons de
réquisition qui soufflèrent sur l'enthousiasme des
paysans déçus.

Les Alsaciens accordent en effet peu de confiance aux papiers allemands et, constatation édi-
fiante, ils reçoivent, avec un grand contentement,
les bons français que notre autorité militaire ne
donne qu'après acceptation de leur part. Neuf
cent cinquante francs payés comptant équivalent à
un bon de mille francs payés après la guerre. Il y
en a beaucoup qui préfèrent le bon.

Le quartier général allemand peut attendre en
paix les cochons et les vaches de la Haute-Alsace.
Ce sont les troupes françaises qui les mangeront.

⁎⁎

C'est madame Frick, ma propriétaire, qui m'a
raconté ces choses. Madame Frick se réjouit de
notre présence et nous fait mille gracieusetés. Elle
est d'autant plus aimable que son frère a été fait
prisonnier par nous à Largitzen. Escoffier, à qui
revient l'honneur de cette capture, boit de grands
coups de cidre à l'œil. Grâce à lui, madame Frick
n'a plus d'inquiétude sur le sort de son frère.

Nos voisines sont aussi charmantes. Les jours
que nous passons au village, nous trouvons chez

elles un chocolat délicieux, accompagné de petits
pains chauds et de beurre frais. Le soir, après
l'appel de huit heures, nous allons boire du thé
bien meilleur que le jus d'ordinaire. Que de bonnes soirées nous passons au chaud, dans la chambre du poêle, qui est encore bien alsacienne !
Dans un coin, le monumental poêle de faience
chauffe comme un four et, tout autour de la pièce,
un grand banc court le long des murailles. Au
mur, le Christ encadré de deux ou trois images
pieuses, et des souvenirs de première communion.
Dans des cadres dorés, sur une grande feuille
parcheminée, au-dessus du kaiser et de l'impéra-
trice surmontant des canons qui crachent et des
cavaliers qui chargent, on voit la tête des frères
en grand uniforme de la garde prussienne. Il paraît
que la majorité des Alsaciens servent dans la
garde.

Avec nos voisines, nous causons de la guerre,
de la guerre terrible et des trois frères qui se
battent contre nous. L'un d'eux a été fait prisonnier à la Marne ; de Marseille, il a donné des
nouvelles qui ont rassuré sa famille.

— S'ils seulement tous les trois prisonniers
étaient ! soupire Stéphanie qui connaît notre
langue.

Sa sœur Hélène ne parle que l'allemand, mais
de part et d'autre les progrès sont rapides et
maintenant c'est dans un jargon bizarre, mi-fran-
çais mi-boche, que nous causons :

— Du sais, la kromprinz, elle est kapout devenue ?

— Ya, das ist wahr, das ist gùt travaillé.

— Du hast compris ?

— Nein, ich habe nichts compris.

Nos voisines nous ont affublé de noms de guerre. Mon petit sergent est la *kleine Maùs* (la petite souris) ; je suis *die grosse Tieger* (le grand tigre) ; Monod, c'est le *Wackes*. Ces noms font le tour du village. *Die grosse Tieger* a toujours un album à la main et il dessine tous les petits *Wackes* qu'il rencontre. Aussi est-il très entouré et son crayon ne chaume pas.

Avant l'appel du soir, nous allons à l'auberge *zùm weisen Pferd* (du Cheval Blanc) où la bière est bonne, où tous les artistes du bataillon se rencontrent. Scott tient le piano et, tour à tour, les chanteurs et diseurs escaladent la table qui sert d'estrade. On trouve aussi des chansonniers qui ont, à leur actif, des œuvres variées : *La mort du kronprinz, la kùltùr allemande, Guillaume s'en va-t-en guerre*. Chaque soir voit naître une nouvelle chanson, mais celles qui ont le plus de succès, ont trait aux petites histoires du régiment ; *Le combat de Moos* est réclamé à chaque séance. Elle finit ainsi, sur l'air *du Pendu :*

    Peu de soldats pensaient à rire
    Et, le nez dans le foin, cachés,
    Beaucoup, — il ne faut pas le dire, —
    Avaient, dans leur culott' ca....

> Aussi l'soir, à la nuit tombante,
> Pendant que nous nous en allions,
> Ça ne sentait pas la menthe
> Dans beaucoup de pantalons.

Il n'y a que la *Marseillaise* et le *Chant du départ,* derniers morceaux du concert quotidien, pour recueillir plus d'applaudissements. Debout, devant les chopes vidées, la salle entière hurle :

> Aux armes, citoyens...

Et il n'y en a pas un qui ne crie de tout son cœur.

Nous avons aussi, dans ce pays béni, des distractions diurnes. Les aérostiers font de passionnantes parties de foot-ball. Les amateurs de pêche se livrent, dans le canal qui court au milieu des prairies, à leur distraction favorite. Ici, la pêche est facile : Le génie vide l'eau entre deux écluses et les braconniers en profitent. Ils pataugent dans la vase qu'ils remuent à plein bras ; les seaux se remplissent de goujons, de rousses et de perches. Delomme prend un jour une superbe anguille. Ça ne nous empêche pas d'être jaloux de la 22ᵉ compagnie qui revient du bois avec un superbe chevreuil.

Il y a, dans chaque maison, une cérémonie qui nous intéresse fort : c'est la fabrication du pain parce que, dans le grand four, on cuit aussi des quantités de *küchen,* de grandes galettes aux pommes ou aux quetches. Aujourd'hui, c'est chez Hollànder ; demain, ce sera chez les Müller. Le

village nous appartient ; nous connaissons toutes.
les familles et toutes les familles nous connaissent.
Hagenbach, joli village d'Hagenbach, je crois bien
qu'au milieu de tes vergers ombreux nous man-
geons notre pain blanc le premier !

Le temps va vite, surtout les jours de repos. On
a pris des habitudes ; on s'amuse de peu de chose ;
on oublie depuis une semaine les Prussiens qui
sont dans les grands bois d'alentour.

La naissance d'un certain veau a rempli de
gaieté tout le régiment et tout le village. Il y a
bien de quoi ! Depuis que les nuits sont froides,
nous avons abandonné les granges pour les écu-
ries. Là, bien étendus entre deux vaches ou deux
chevaux, nous dormons au chaud, grâce au voisinage de nos « frères inférieurs ».

Or, l'autre nuit, vers deux heures du matin,
mon petit sergent qui n'avait pas vu que la vache,
sa voisine, était dans un état des plus intéressants,
s'est réveillé sous le choc d'un petit veau.

Le nouveau-né a été doctement soigné, car la
moitié des hommes de la demi-section connaît
l'élevage. A tour de rôle, on a bouchonné l'enfant
qui se porte à ravir. Nous avons fait son baptême
en mangeant une énorme galette garnie de quetches juteuses. Mais mon petit sergent en est encore
tout ahuri.

Il y a aussi l'histoire des shrapnells de Delomme
qui mérite d'être racontée : Delomme est un phé-
nomène, ses camarades l'ont surnommé La Fouine,

parce qu'il sait tout et qu'il est au courant de tout.
Dès qu'un canon pète ou qu'une balle siffle, Delomme part en campagne et revient, quelques
instants après, avec tous les renseignements dési-
rables. Il voit tout ce que les autres ne voient pas,
entend tout ce que les autres n'ont pas entendu.
Mais, parfois, sa vive imagination exagère.

Le lendemain d'un bombardement, La Fouine a
filé pour voir les trous d'obus et nous a rapporté son
plein képi de grosses billes d'acier, grosses comme
des prunes, en assurant qu'elles représentaient les
shrapnells des marmites allemandes. Ça a pris
d'autant mieux que Delomme était de bonne foi et
qu'il racontait les détails de sa trouvaille avec sa
faconde ordinaire. Les biscaïens furent bientôt dis-
tribués et le commandant lui-même envoya son
cycliste réclamer pour lui un souvenir du bombardement. Tout se passait pour le mieux lorsque, le
soir, le propriétaire de la tuilerie voisine, près de
laquelle Delomme avait trouvé les soi-disants
shrapnells, vint réclamer... devinez quoi ? Les
billes des plaques tournantes du petit tram de son
usine qu'il avait mis sécher au soleil, après les
avoir graissées.

Depuis ce jour, l'étoile de Delomme pâlit...

Avec des histoires dans ce genre, dans un joli
petit village où la bière est bonne, où les voisines
sont charmantes, comment ne pas être satisfait de
son sort ?...

16-26 octobre.

Les Boches nous bombardent quelquefois, mais

ils épargnent le village... où ils le manquent. Au
deuxième obus il n'y a plus un chat dans les maisons. Les marmites font trop de bruit pour annoncer leur visite ; tout le monde a le temps de
se cacher.

Cet après-midi, je faisais raccommoder mon
pantalon fendu en deux, par ma voisine de cantonnement, qui m'a offert ses doigts habiles et sa
machine à coudre. Son frère, le pionnier de la
garde, a laissé une garde-robe bien garnie ; je
revêts un pantalon à carreaux et une veste de
velours, tandis que Stéphanie, — c'est le nom de
ma voisine — essaie de réparer les dommages de
mon vêtement.

Soudain, un coup sourd ébranle la maison. Un
obus vient de tomber près du village, bientôt suivi
d'un second, puis d'un troisième, et les détonations se suivent maintenant sans arrêt. En un clin
d'œil les rues sont désertes ; tout le monde a disparu dans les caves. Seule Stéphanie ne bouge pas.

— Che n'ai pas beur, me déclare-t-elle.

Et, pendant que les obus tombent aux alentours,
les deux moitiés de mon pantalon redeviennent un
tout présentable.

Après m'être revêtu de mon bien, je descends
dans la cave des Frick, où il y a des rayons garnis de superbes pommes reinettes et, les poches
gonflées de fruits, je file avec Delomme constater
les effets du bombardement. O joie intense ! qui
fait pétiller les yeux du père La Fouine : les Alle-

:mands ont tiré sur un tonneau à purin, abandonné
au milieu des champs. Bien sûr que son propriétaire sera médiocrement ravi qu'on ait pu prendre
son modeste instrument pour un glorieux 75. Nous
colportons immédiatement la joyeuse nouvelle.
Autant pour fêter le raccommodage de mon pantalon que l'amusant bombardement des Boches, je
paie une choucroute à mes amis. Ecoutez, Bugey-
siens, amateurs de plats monstres, ce qu'est une
choucroute alsacienne :

Pour quatre convives, il y avait cinq livres de
jambon, deux livres de lard, des saucisses à n'en
plus finir et un saladier de pommes de terre en
robe de chambre. Notre cuisinière a été tout éton-
née de voir que nous n'avions pu terminer ce
gigantesque plat qui aurait suffi pour douze fantassins affamés. « Si vous étiez des Prussiens, disait-
elle, il ne serait rien resté ».

Il n'y a qu'une chose qui nous soit sensible dans
nos repas alsaciens, c'est l'absence des petits vins
de la Moselle. Les Allemands ont enlevé le goût
du vin aux Alsaciens. Je suis persuadé qu'ils en
reprendront vite l'habitude ; depuis que le vin
coûte douze sous le litre, les Alsaciens en boivent,
en boivent, et bientôt le shnaps-poison fera place
au clairet de la France.

28 octobre.

La vie délicieuse que nous menons à Hagenbach
ne nous empêche pas de faire un peu la guerre.
Chaque jour, une compagnie s'en va en recon-

naissance dans les grands bois et les volontaires.
partent en patrouille. Ce matin, c'était notre tour.
Les Allemands viennent à tout instant taquiner nos.
avant-postes et nous allons tendre une embuscade.
pour essayer de calmer l'ardeur de nos ennemis.
En face d'Eglingen, se trouve un village occupé
par les Badois. Nous avons reçu l'ordre de nous
poster vers une certaine cote et d'attendre.

Les étoiles pâlissent à peine lorsque nous arrivons à la cote indiquée. Un des éclaireurs arrive
à bout de souffle :

— A la corne du bois, à cent mètres de nous,
une sentinelle allemande veille à côté d'un petit
poste endormi.

Quelle aubaine !

— Notre patron sera content, chuchote le petit
Seguin, qui nous voit déjà revenir avec une hui-
taine de prisonniers.

Notre « patron », c'est le capitaine de la 24e
compagnie.

A pas de loup, les volontaires s'avancent et
bientôt l'abri est entouré. Les hommes ont un
sourire sauvage et, baïonnette au canon, ils vont
bondir...

— M...., ce sont des Français !

C'est, en effet, un petit-poste français, établi à
quelques centaines de mètres des lignes badoises,
que nous venons de surprendre et à qui, la première désillusion passée, nous sommes heureux de
souhaiter bonne chance.

Mais le petit Seguin n'est pas content, à cause du patron.

Le soir, bombardement d'Hagenbach et d'Eglingen. Une maison est coupée en deux et quatre poilus de la 21° sont tués. Sales Boches, va !

28 octobre.

Notre tour d'avant-poste tombe un dimanche, ça nous a fiché le cafard. Voilà ce que c'est que d'avoir été trop gâté pendant dix jours.

Après avoir passé la nuit dans la tranchée, — éclairée à l'électricité, s'il vous plaît, — nous avons tiré au sort pour savoir quelle demi-section descendrait au village. Le sort barbare a favorisé l'autre demi. Mon petit sergent, qui a tiré le mauvais numéro, est accablé de quolibets. Ça le touche d'autant plus qu'il avait comploté une petite fête chez nos voisines de cantonnement et ses projets tombent dans l'eau ou, plutôt, dans la boue de la tranchée.

Le soir nous apporte quelques distractions. Notre batterie de 120 vient de tirer et les Boches répondent. Les grosses marmites éclatent à cent cinquante, deux cents mètres de nous. Derrière la tranchée, Pernod fait balai avec une longue trique au bout de laquelle on a lié un torchon de paille. Pernod est un type épatant. C'est bien le montagnard de la montagne de Brénod, un vrai Bugeysien aux petits yeux brillants. Les marmites ne lui font pas peur à celui-là !

Nous sommes relevés de bonne heure et, quelques minutes après notre rentrée dans Hagenbach, devant un bock bien tiré, Merle, le sergent, oublie sa mauvaise humeur et reconnaît qu'à la guerre il ne faut pas faire de projets.

31 octobre.

Nous sommes pour quatre jours aux avant-postes, à deux kilomètres d'Hagenbach, à Eglingen. Autant le premier village me charme, autant celui-ci me déplaît. Il est sale, boueux, et puis on n'y est pas tranquille. Les Boches sont à huit cents mètres et bombardent parfois les maisons. Quelques-unes sont éventrées et branlent. Il n'y a pas non plus d'auberge *zùm weisen Pferd,* il n'y a pas de canal pour pêcher, il n'y a pas de voisines charmantes ; il n'y a, dans les tranchées, qu'une épaisse couche de boue gluante. Un seul avantage : on voit parfois des Boches.

Quelques balles passent haut sur les têtes en faisant leur sinistre pstt, pstt. Les habitants sont mornes et nous regardent avec crainte. Je comprends leurs inquiétudes. L'établissement de la ligne de contact dans un village est pour lui une source de désagréments. Le haut du village est si dangereux qu'on n'ose plus y circuler.

Rassurez-vous, braves gens d'Eglingen ; nous porterons bientôt les avant-postes plus loin et vous pourrez alors, en toute sécurité, travailler dans vos champs et soigner votre bétail.

1er novembre.

C'est la fête des Morts ; c'est bien la fête de la guerre qui a causé tant de deuils et fait verser tant de larmes. Là-bas, on ira sur les tombes penser aux disparus ; ici, on allonge la liste funèbre ; ici, on prépare plus douloureuse encore la fête de l'an prochain.

Je ne ferai pas, cette année, le mélancolique pèlerinage au cimetière de chez nous. Mais mon esprit est allé près de la barrière qui ceinture les tombes familiales. Les roses de Noël doivent être écloses ; le petit gravier est bien râtissé autour des pierres blanches ; des bouquets d'automne sont posés pour chaque mort... Grand-père, grand'mère, aïeuls, oncles et tantes ; ils sont toute une famille endormie...

Cet oncle était carabinier de l'empereur ; il est mort bien avant ma naissance, mais on m'a tellement parlé du bel officier, mais j'ai tellement contemplé, béant d'admiration, le grand portrait du salon qui le représente en tenue de gala, avec des bottes montant jusqu'à mi-cuisse et le casque au grand panache flamboyant, qu'il me semble que je l'ai bien connu, mon oncle le Capitaine.

Par contre, mon arrière-grand-père me semblait appartenir à la légende. Il était grenadier de la garde à cheval. Il avait un bonnet à poil, immense, qui lui descendait jusqu'aux yeux, de belles bottes vernies, un grand cheval noir. Il fut fait prison-

nier pendant la retraite de Russie. Il revint un
jour chez lui où l'on crut voir entrer un fantôme...

En ce jour qui nous rappelle ceux qui ne sont
plus, c'est aux soldats que vont surtout mes
pensées, c'est à ceux qui ont combattu sous le
même drapeau que je défends aujourd'hui.

⁎⁎

J'arrive vers le petit cimetière d'Eglingen. Une
aigre bise court sur la plaine et siffle dans les
branches défeuillées des tilleuls qui entourent le
puits ; elle ride l'eau grise du canal ; le ciel est
sombre ; il fait bien un « temps de Toussaint ».
Un pan de mur est écroulé ; une marmite allemande a fauché quelques croix ; haut, sur ma tête,
des balles miaulent.

Personne n'a osé venir orner les tombes. De
folles herbes envahissent les allées ; des chardons
ont grimpé à l'assaut des tertres ; la désolation
règne dans ce champ du repos.

Vers le coin du mur éventré, deux mamelons
de terre fraîchement remués m'attirent...

Ici reposent X..., X..., morts pour la France.
Deux petites croix, cravatées de ruban tricolore,
sortent de la terre bien nue ; des platras et des
pierres ont jailli jusque là.

Avec quelques chrysanthèmes et de petites
pâquerettes poussés au hasard du cimetière abandonné, je fais un bouquet que je dépose sur les
deux tombes.

En Haute-Alsace.   5

Un merle siffle et je me sens moins seul. Après avoir salué le tertre fleuri, je vais me retirer doucement lorsque je trouve, à côté de moi, Botex, Botex qui a reçu une mauvaise lettre hier, un méchant papier qui lui a appris la mort de son frère tué par les Prussiens. Il est venu au cimetière espérant y trouver l'isolement si nécessaire pour verser des larmes qui soulagent. La tombe des deux soldats l'a attiré invinciblement. Je connais sa peine ; il n'a pas à me l'apprendre ; il s'agenouille et sanglote...

Je suis resté près de lui, tant qu'il a fallu pour que sa détresse se calme, puis nous nous sommes serrés la main longuement, affectueusement, comme des frères, et comme eux nous sommes rentrés :

— Allons, viens, mon pauvre vieux.

5 novembre.

Un service pas trop dur à assurer, c'est la prise d'avant-poste à la tuilerie. De l'autre côté d'Hagenbach, sur le canal, se dresse le grand bâtiment cubique auquel est accolé la maison d'habitation du propriétaire.

Le canal dort là entre deux lignes de vernes sombres et de peupliers pointus ; un petit ruisseau, après avoir cascadé sur la roue de l'usine, s'étend un instant au milieu des joncs à manchon brun. Avec les briques de l'usine, nous avons élevé d'imposants parapets des deux côtés du canal et

du ruisseau. A droite, nous avons les tranchées
qui grimpent en plein champ jusqu'au bois ; à
gauche, c'est avec une autre brigade que nous
sommes en liaison. Nous n'avons qu'à surveiller
les abords immédiats du canal ; c'est un service
pour soldats du pape.

Madame H., la propriétaire, n'est pas allemande
pour deux sous. Elle a cependant trois fils sous
les drapeaux du kaiser, mais elle a aussi un enfant
en France ; enfin les Boches ont tout fait pour
s'aliéner sa sympathie : A la retraite de Mulhouse,
un détachement badois, officier en tête, a fait
irruption dans l'usine. Un soldat français, oublié
par ses camarades, était resté endormi. Furieux,
l'officier a menacé M. H. de son revolver puis,
par une volte-face habile de son cheval, il a jeté
l'usinier à terre. Avec un œil fendu et l'autre en-
dommagé, le malheureux, soigné par les majors
français, est parti en Suisse dans une clinique. Il
reste dans l'usine, avec madame H., sa fille,
mademoiselle Alice, et deux domestiques.

Madame H. est une aimable causeuse. Par elle,
je suis bien vite au courant de potins du pays.
Dans toute la région environnante, on appelle
Hagenbach *die kleine Paris* (le petit Paris), à
cause des quantités de jolies filles qui habitent le
village. Je suis certain que maintes parisiennes
seraient flattées d'être comparées à plus d'une
Hagenbackoise. Mon hôtesse me parle des origines
de son village fondé par une colonie espagnole.

Voilà l'explication du type brun des habitantes
dont les chevelures noires m'ont fait perdre toutes
mes illusions concernant la blondeur de l'Alsacienne. Madame H. me les a fait retrouver.

Le soir, après avoir mis en marche la roue de
l'usine, qui éclaire Hagenbach et ses tranchées, et
organisé le service de nuit des sentinelles, je me
rends dans le salon de la tuilerie où je suis invité.
Il est difficile de peindre la satisfaction qu'on ressent, après trois mois de campagne, à se trouver
assis dans un fauteuil confortable. Rien d'extraordinaire à signaler dans l'ornementation du salon,
sinon les habituels chromos militaires richement
encadrés. Des souvenirs de soldats abondent. Sur
des guéridons, voici des chopes de bière énormes
avec un grenadier à cheval ou un pionnier de la
garde droit sur le couvercle d'étain. Sur le piano,
il y a des pattes d'épaules brodées ou des panaches multicolores.

La fille de madame H. est une fillette de quinze
ans ; elle parle très bien le français qu'elle a
appris dans une institution suisse. Après avoir
mangé un *kùchen* aux pommes et bu un verre de
cidre, nous nous installons autour d'une table et
mademoiselle Alice nous apprend les jeux de cartes
alsaciens. Il y a le soixante-six qui ressemble beaucoup à la manille. Quant au *lügen* (le mensonge),
il consiste à déposer une carte à l'envers sur la
table en annonçant une couleur quelconque. La
première carte posée, tous les joueurs doivent dé-

poser une carte de la même couleur. On ment
effrontément et il s'agit de ne pas se faire prendre
en flagrant délit de mensonge, car, alors, on ra-
masse tout le paquet. Mlle Alice ment d'une façon
étonnante et gagne toutes les parties. Il est vrai
que, pour porter bonheur à sa dernière carte, elle
a fait rapidement le signe de la croix.

Assez de cartes. Mlle Alice s'installe au piano
et, sur ma demande, joue les airs allemands.
Après le *Deutschland über alles,* voici le *Wacht
am Rhein* et puis des hymnes populaires. C'est à
mon tour : la *Marseillaise* fait suite à *Sambre-et-
Meuse,* et le *Chant du Départ* remplit bientôt la
grande usine alsacienne.

A dix heures extinction des feux dans tout le
village. C'est très simple : j'arrête la roue en
descendant une vanne. *Fiat nox !...* Le canal
s'étend tout noir sous les étoiles. Quelques coups
de fusil rappellent qu'on est en guerre.

J'aime beaucoup les avant-postes à la tuilerie
d'Hagenbach.

12 novembre.

Au bois pour vingt-quatre heures ! Il pleut et
nous gémissons. Filliat gémit parce que la colonne
va trop vite ; Braillon gémit parce qu'il a oublié
sa pipe ; Escoffier gémit parce que ses souliers
prennent l'eau ; Merle et moi gémissons parce que
nous n'avons pas bien dormi : un poulailler a
dégringolé sur nos têtes et les poules ont dansé
toute la nuit un tango sur nos personnes...

Nous prenons la grande route d'Altkirch ; après
avoir dépassé une tuilerie — tout ce pays est couvert de tuileries, — nous entrons en plein bois.

La pluie s'arrête et la bonne humeur reparaît.
Seul Filliat tempête parce qu'il y a de la boue ;
mais Filliat tempête toujours !...

Le bois est superbe. Pernod cube les arbres :

— Ce fayard, cent pieds... Ce chêne, cent cinquante...

— Tu t'y connais rien en bois blanc, interrompt
Jolivet, d'Artemare, tu ne t'y connais qu'en sapin.

Jolivet a raison. Pour Pernod, le bugiste, il n'y
a qu'un arbre, le sapin.

— Arrêt, buffet ! psalmodie Monod qui imite
la voix du crieur de la gare de Bourg-en-Bresse.
Nous sommes arrivés vers un élégant pavillon de
chasse, à côté d'une maison de garde. On ouvre
les musettes ; on donne une accolade au bidon...
doucement, il faut que ça dure vingt-quatre heures.

Dix minutes de pause et nous nous jetons en
plein bois pour aller établir une ligne d'avant-
poste, à la lisière.

Nous marchons pendant une heure et demie ; la
mousse humide fait glisser. Mangeot s'étale dans
la boue du chemin... On s'arrête. Un peloton file
en avant ; l'autre, le mien, reste pour construire
des abris. Pernod est heureux : pendant des heures
il abat des arbres énormes ; quand l'arbre craque,
les yeux du montagnard brillent.

A la nuit, ma demi-section va s'installer dans

la maison forestière ; les autres couchent sous les arbres. Je trouve au rendez-vous de chasse un maréchal des logis et un dragon ; ce sont deux joueurs de bridge ; ils me gagnent douze francs cinquante.

15 novembre.

J'ai déjeuné dans le boudoir de la baronne von Reinach. Nous sommes de service dans le pavillon de chasse du baron. Vraiment, le bœuf régimentaire est meilleur mangé à l'abri que dehors où des averses glaciales annoncent l'hiver.

Les Allemands ont passé là avant nous ; aussi le chalet est-il complètement dévasté. Tout est brisé, saccagé. Les meubles sont défoncés et le linge souillé est à terre. On a dû prendre tout ce qui avait un semblant de valeur. Les toilettes sont brisées et les glaces cassées ; les canapés laissent pendre lamentablement leur crin par le velours déchiré.

Notre lieutenant a fait nettoyer toute l'habitation et donner un peu de propreté au pavillon de chasse. Le boudoir est presque convenable maintenant, n'était le secrétaire défoncé qui atteste seul le passage des compatriotes de madame la baronne.

Le soir, je pars en patrouille. Avec moi, je prends Delomme, Jolivet et Braillon. Je ne nomme pas Pernod mais, cent mètres après le départ, je puis me retourner : Pernod, mon fidèle Pernod, mon garde de corps, me suit.

Nous ne rencontrons que des chevreuils et nous revenons crottés comme des barbets.

28 novembre.

On part !... Le bataillon est rassemblé sur la grande route, face à l'église, en attendant la relève. C'est le cinquième qui prend nos consignes. En route !

Adieu, joli village d'Hagenbach, adieu, la *Wirtschaft zùm weisen Pferd* ; adieu, charmantes voisines ; adieu la bière blonde et les chocolats crémeux. Nous repartons en guerre.

⁎⁎⁎

Nous commençons à connaître cette partie de l'Alsace. Nous traversons pour la vingtième fois Dannemarie, avec, de chaque côté de la ville, un viaduc coupé en deux. C'est jour de marché. La grande place, où nous avons établi un jour une barricade avec des pots de fleurs, est remplie de mouvement. Les Alsaciennes sont venues en nombre vendre leur beurre, leurs poules et leurs œufs. En quelques minutes, les marchandises sont enlevées. Il y a, à Dannemarie, tout un état-major de division, et c'est effrayant ce qu'un état-major de division engloutit de poules, d'œufs ou de beurre.

Les clairons sonnent pendant que nous traversons la petite ville :

— Ah c'est vous le ...° Où allez-vous ? D'où venez-vous ?

— Nous venons d'Hagenbach, un pays bath. Où nous allons ? Va le demander au colon !

Nous prenons la vallée de la Largue. Le ruisseau coule dans les prairies à moitié inondées ; le moulin de Struth a les pieds dans l'eau. A gauche, c'est la ligne de coteaux aux bois immenses où sont établis nos avant-postes... Mertzen, Füllern, Largitzen, voilà de vieilles connaissances. Nous traversons à nouveau ces villages où nous avons déjà cantonné. Des territoriaux d'Auvergne ont remplacé notre régiment ; nous les remplaçons aujourd'hui. Sûr que ce n'est pas sans raison ; on va certainement tenter quelque chose. Des compagnies montent au bois pendant que nous nous installons dans les granges.

Pendant tout l'après-midi, nous nous amusons à voir passer les territoriaux. Leur train régimentaire n'en finit pas. Il y a des galoches, des lanternes, des balais sur les voitures.

— Le déménagement de Guignol, dit un Lyonnais.

— Il y manque le pot de chambre, ajoute le bavard Delomme, qui veut toujours avoir le dernier mot.

La Guerre dans les Bois

LES grands chênes majestueux ont jauni lorsque nous revoyons le bois d'Hirzbach où nous venons prendre les avant-postes.

Comme il me paraît bizarre de revenir aux mêmes lieux et quelle source de sensations victorieuses découle du paysage qui m'entoure ! A ma droite, voici le plateau de Largitzen sur lequel, il y a bientôt deux mois, la 24ᵉ a repoussé six compagnies allemandes. Je revois le pommier sous lequel mes deux grands Badois étaient étendus côte à côte. Voilà le sillon où Escoffier a cueilli deux Boches et, à l'orée du bois, là où notre tranchée est établie, nos balles perdues ont tué neuf Allemands.

Cette tranchée est la plus proche de l'ennemi. Quelques postes, installés le long de la lisière, nous relient avec le village. A gauche, c'est l'inconnu ; c'est le bois immense avec des ravins, des étangs, des multiples sentiers ; c'est un grand bois aux arbres centenaires dont les feuilles font, sur le sol humide, un épais tapis roux. Devant nous, à trois cents mètres, c'est l'ennemi. Une route s'enfonce sous la futaie dorée ; un frêne brille au soleil ; un peu de fumée s'élève, à côté de lui, d'un amas de branches sèches :

— L'abri boche, nous ont murmuré nos prédécesseurs. « Ils » sont là...

Dans la bouche d'un soldat, ce « ils » veut tout dire. « Ils », c'est méchant et mystérieux toujours ; « ils », c'est peut-être un homme qui, rampant dans les taillis, est là, prêt à bondir sur notre sentinelle ; « ils », c'est la troupe qui peut, d'un instant à l'autre, s'élancer à l'assaut de notre trou ; « ils », c'est celui qui, d'un mot, commande la rafale meurtrière ; « ils », c'est celui qui nous tuera si nous ne le tuons pas, c'est l'Allemand maudit qui convoite notre France... Pour l'instant, « ils » est un peu de fumée qui s'envole à travers les feuilles d'or d'un frêne...

Notre tranchée ne mérite pas son nom. C'est un fossé avec, du côté ennemi, un talus de terre que soutiennent quelques pieux. Il y a loin du village à cette première défense et, comme la nuit tombe, voilà qu'une impression d'isolement nous étreint à l'entrée de ce grand bois qui s'emplit d'ombre et, semble-t-il, de bruits suspects.

L'abri boche a disparu dans le sombre. Mais, de temps en temps, quelques étincelles nous rappellent qu' « ils » sont là...

⁎⁎

La nuit a passé tranquille et nous nous habituons à notre voisinage. Moyne, accroupi au pied d'un vieux chêne vert de mousse, prépare le café pendant que deux geais se disputent sur sa tête. Je vais errer dans le bois, faisant bruisser les feuilles mortes, jusqu'à l'étang où une sentinelle protège notre gauche.

Qu'il est beau ce bois !

Habitué des forêts de sapins que les saisons laissent immuables, je ne me lasse pas d'admirer un bois aux essences variées, un bois blanc, comme disent avec mépris Pernod et Nicollet, les deux gars de la haute montagne.

Oui, c'est un bois blanc, mais peuplé de colosses qui peuvent rivaliser avec nos plus beaux sapins ; c'est un bois qui, aux approches de l'hiver, ravit le regard par la chaleur de ses teintes et la grâce de ses formes. Voici des fayards énormes, des charmes tordus et massifs, puis, s'élançant, un bouleau d'argent zébré de bandes grises. Des trembles remuent au moindre souffle ; véritablement royaux, des chênes étendent leurs rameaux centenaires comme pour protéger les arbres trop jeunes ou trop frêles. Au bord de l'étang, les espèces changent encore ; ce sont des vernes à

l'écorce vert sombre ; quelques bouquets de sapins,
parfois, arrêtent le fuyant sous une futaie dé-
feuillée.

Ce bois qui renaît et qui meurt chaque année,
ce bois qui est jeune en avril et vieux en novembre,
vibre comme un être vivant. Chacun de ses arbres
a son existence propre, son âme tendre ou virile,
et je comprends les poètes antiques remplissant
de dieux la forêt, et je comprends Ronsard mau-
dissant les bûcherons de Gâtine :

Ce ne sont pas des bois que tu jettes à bas !...

Une rumeur douce, harmonieuse, faite par des
milliers d'insectes et de bêtes minuscules qui
volent, rampent, bourdonnent, trottinent, sautillent,
augmente mon ravissement pendant que je rôde
dans la forêt d'Hirzbach. A tout instant, un nouvel
objet captive ma pensée ; c'est un écureuil qui
bondit si rapide qu'on croirait qu'il vole de rameau
en rameau, c'est un volier de canards qui s'abat
et s'ébroue sur l'étang, c'est un chevreuil qui,
après s'être désaltéré, contemple curieusement son
image ; dans une clairière, c'est un faisan qui
craquette...

Clac !... un coup de fusil me ramène bien vite
au sentiment de la situation. Je reviens en toute
hâte. C'est Colomb, le meunier de Neuville, qui
a tiré, pour rien, pour dérouiller son fusil, sur
une silhouette qu'il a entrevue derrière l'amas de
branches sèches.

Colomb a fait parler la poudre ; la réponse ne se fait pas attendre. Floc ! floc ! deux balles font fumer la terre de notre parapet. Allons, on va s'amuser !

C'est une cible merveilleuse que cet abri boche et puis sa réponse est drôle comme tout. Ces floc ! floc ! qui n'ont l'air de rien nous donnent de petites émotions faciles mais toujours attrayantes. Clac ! clac ! disons-nous ! floc ! floc ! réplique le tas de branches mortes, et la conversation dure, pleine d'intérêt et de vivacité.

Les geais seuls ne sont pas contents et protestent à leur manière en piaillant désagréablement, comme si on les écorchait.

*
* *

Mon vieux Bayzelon a pris une tranchée à lui tout seul. Voici comment ça s'est passé :

La 24ᵉ a patrouillé cet après-midi dans le grand bois encore inconnu de nous. Elle s'est aventurée à plus de deux kilomètres et, tout-à-coup, mon ami a trouvé une tranchée entre ses jambes. Deux Boches se chauffaient tranquillement au fond du trou ; l'arrivée du patrouilleur français les a mis en fuite.

Notre commandant a fait retourner immédiatement le parapet. Nous serons désormais tranquilles sur la gauche. De suite, les soldats se sont mis au travail ; on a creusé tout un système de tranchées ; des sapeurs du génie sont arrivés pour construire des abris en rondins.

Mais, malgré ces améliorations, notre position est délicate parce que nous avons à dos toute une rangée d'étangs entre lesquels on ne peut circuler que sur d'étroites chaussées.

⁎

Les Allemands n'ont pas digéré notre avance subite dans la forêt. Les territoriaux que nous avons remplacés se tenaient bien tranquilles pour ne pas irriter leurs voisins. Dès notre arrivée, nous avons changé ces habitudes, aussi, cet après-midi, les Boches s'avancent pour fusiller les travailleurs français.

Derrière les gros chênes moussus, chaque tirailleur trouve un superbe abri. Pendant deux jours la fusillade ne ralentit pas. Notre ancien caporal-patate, Chambard, est tué net d'une balle à la tête ; tué, un lieutenant ; tués, plusieurs bons camarades. C'est la guérilla qui ne vous laisse aucun répit, qui ne donne aucun résultat et fait trop de victimes. Rapidement, le régiment se fortifie sous les balles.

Le 4 décembre, au petit jour, les Allemands tentent une attaque de nos positions. Ma compagnie, en réserve, est appelée en toute hâte. Nous n'avons que nos fusils et nos cartouchières pour courir au bois.

Nous traversons une clairière, cheminons entre deux étangs, passons à travers de jeunes taillis et nous nous portons au flanc d'un ravin en ligne de tirailleurs. De l'autre côté, à deux cents mètres, c'est la ligne des tranchées attaquées.

Quel bruit ! Le bois en est tout secoué ; les rafales passent en miaulant sur nos têtes, les détonations se prolongent en d'énormes rumeurs.

— Si ça continue, ils vont finir par se faire du mal, déclare Monod, en gouaillant.

La fusillade redouble, les balles tombent autour de nous, l'une d'elles coupe une branche à cinquante centimètres de la tête de Monod qui répète, calme toujours :

— Si ça continue, ils finiront par se faire du mal.

Tout à coup une trompette lance une note stridente, des tambourins résonnent, des fifres perçants dominent tout. Un chant nourri s'élève, grave et lent, et les cloches d'Hirzbach, celles d'Hirsingen et celles d'Heimersdorf, lancées à toute volée, carillonnent, carillonnent.

Nous nous sommes regardés, tous pâles.

L'assaut !...

Des feux de salve crépitent et submergent le chant grave et lent. Quelques hommes près de moi ont, sans ordre, mis baïonnette au canon.

Que faisons-nous ici ? La crête du ravin nous cache les tranchées assaillies. Nous piétinons, nous frémissons de notre impuissance. C'est terrible de ne rien voir. De l'autre côté, les Boches arrivent, leur couteau-scie au canon ; des Français, des camarades les repoussent... mais nous, que faisons-nous là ? Nous nous regardons encore... Ah ! un ordre, un ordre pour partir !

Mais le clairon s'est tû, les fifres et les tambourins plats font silence ; le chant grave et lent s'est éteint par degrés, sous les balles. Seules les cloches d'Hirzbach, d'Hirsingen et d'Heimersdorf carillonnent, carillonnent.

Et Monod dit une blague qui remet des émotions trop fortes :

— Pour cette fois, ils peuvent se mettre une ceinture.

Alors nous poussons tous un soupir de contentement.

La fusillade allemande a recommencé ; le sol et les vieux arbres en tremblent ; les branches, touchées par les balles, se fendent en claquant comme un coup de fouet.

— Vite, au téléphone ! nous ordonne-t-on.

Avec une quinzaine d'hommes, je dévale sur la droite en faisant le gros dos. Quelques minutes après, nous échouons dans un petit bout de tranchée qui bat la chaussée entre deux étangs ; derrière nous, c'est le téléphone et le poste de commandement ; devant nous, c'est la tranchée de nouveau attaquée.

Car le répit n'a pas été long. A peine sommes-nous installés que, sous un coup de langue, la trompette vibre, aiguë, et déchaîne les tambourins plats et les fifres perçants. Le chant grave s'élève et plane, puis ce sont des appels sonores, des cris

de démons, un feu de salve... Et puis, plus rien...
La tranchée française est prise...

A notre tour maintenant. Les soldats ont tous
fait jouer la culasse de leur lebel et ramené en
arrière le bouton quadrillé qui ouvre le magasin.
Entre les arbres des ombres glissent : les Boches
qui se concentrent avant de reprendre leur marche
victorieuse.

— Tas de cochons, murmure Lapierre debout
sur la tranchée, tas de cochons, venez-y voir.

Autour du bel abri en rondins, seulement cons-
truit et qui devait constituer notre poste de commandement, les Allemands dansent en rond une
gigue effrénée. Nous tremblons de fureur...

Boum... pan ! Un obus tombe en plein sur
l'abri, puis un deuxième, puis un autre...

— Le 75 ! s'écrie un qui s'y connaît.

.⁎.

C'est le 75 dont le général, jugeant notre position périlleuse, nous a envoyé une batterie. Ses
obus éclatent sur les Boches en tas et provoquent
l'affolement, la débandade parmi eux. L'adjudant-
mitrailleur d'un régiment voisin arrive également
à la rescousse. Posément, il a installé une de ses
pièce devant nous sur la chaussée et il dévide ses
bandes sur les Allemands qui fuient. Une deuxième pièce est mise en batterie au bord de l'étang
et, à 500 coups à la minute, elle balaie et nettoie
les environs de l'abri perdu.

Debout, sur la tranchée, nous hurlons comme
des fous. Si l'étang n'était devant nous, je crois
que nous partirions tous les quinze, sans raison
et sans but, grisés par la bataille, saouls de poudre et de bruit. Cette ivresse est incompréhensible
pour ceux qui n'ont pas combattu. Nos obus font
des boules de feu dans le bois qui s'assombrit,
mille échos promènent, de ravin en ravin, le long
des chênes centenaires, les crépitements des mitrailleuses et les éclatements des canons. Et les
Boches basculent, en pleine course, culbutés comme des lapins qu'abat le plomb du chasseur...

Nous gesticulons, frénétiques, oublieux du danger... Deux pantalons rouges gisent à nos côtés,
rançon de la fuite de l'Allemand.

Mais le bataillon se groupe sur un mamelon, à
droite, pour établir une nouvelle ligne de tranchées. Nous abandonnons notre trou à d'autres
soldats qui viennent nous remplacer, nous abandonnons le téléphone et les deux corps rigides
sous la lune à demi-voilée par de longues nuées
blanches. A la file indienne, nous rejoignons notre
compagnie.

Que d'impressions nous échangeons à voix
basse ! Le deuxième peloton occupait la tranchée
longeant la route et mes camarades ont vu passer
les nôtres, prisonniers, entre deux rangées de
Boches.

— Comprends-tu, me dit Bayzelon, nerveux,
on ne pouvait pas tirer dessus. Les cochons nous

faisaient toutes sortes de grimaces et de saluts grotesques. Ils en profitaient de notre crainte d'atteindre l'un des nôtres ! On serrait nos fusils, résistant au désir de les mettre en joue...

La rage au cœur, nous prenons des pelles-bêches, des pics-pioches essayant d'oublier, dans un travail acharné, les camarades de régiments s'en allant, là-bas, vers l'exil.

***

Le capitaine Etiévant dirige les travaux que nous faisons rapidement autour du mamelon où nous sommes groupés. On se sent plus rassuré d'être commandé, de n'être plus de petits paquets épars dans le bois, de se sentir les coudes, enfin. Deux compagnies sur un point, c'est quelque chose, que diable !

Malgré la nuit propice aux embuscades, malgré les chouettes dont les plaintes donnent un petit frisson aux moins superstitieux, nous sommes pleins de l'excitation qui suit les émotions vives. On a vu travailler notre petit canon, on a vu les Boches en pleine débandade ; on les aura, bon Dieu ! on les aura !...

J'ai un rude creux dans le ventre. Nous sommes montés au bois sans musette, sans bidon, et voici plus de vingt-quatre heures que nous n'avons rien mangé. Le capitaine a pitié de nous. Des cuisines installées à Largisten, nous recevons bientôt un quart d'eau tiède qu'on nous dit être de la soupe

et le cinquième d'une boule de pain. J'ai chauffé
mes doigts engourdis aux parois du quart avant de
boire son contenu. Le bouillon est bien maigre, le
morceau de pain bien petit, mais que c'est bon de
manger quand on a faim ! Les choucroutes plan-
tureuses que nous avons savourées dans les villages
alsaciens ne m'ont jamais paru meilleures que ce
frugal repas.

Le dos appuyé contre un hêtre énorme, je me
sens envahir par une singulière somnolence qui
décuple l'acuité de mes sens tandis que mon corps
se repose dans une bienfaisante immobilité. Je
perçois ainsi tous les bruits de la forêt. C'est le
frôlement de la brise sur les rameaux séchés d'automne, c'est le murmure des dernières feuilles qui
tombent sur les autres tapissant le sol... Est-ce dû
à mes nerfs tendus après la journée de combat ?
Je distingue nettement une différence entre la descente rapide des feuilles crispées des frênes qui
tintent en s'entrechoquant et la tombée lente d'une
feuille de marronnier ou de platane qui se balance
longtemps avant de reposer, avec les autres, en
jonchées rousses... Toute la gent nocturne anime
encore le grand bois endormi et j'écoute les frôle-
ments d'ailes, les envols furtifs, les foulées rapides
du lièvre ou du chevreuil, le clapotement de l'eau
sur laquelle les canards sauvages tapent des ailes.
Je recueille cela, les yeux clos, et mon esprit brode,
brode sur le thème immense de la nuit.

Dans l'inconnu de la forêt, il cherche l'Alle-

mand, l'ennemi... Que fait-il ? Sans doute, puisqu'il a gardé le terrain du combat, il a ramassé
les morts et les blessés ; sans doute, il se retran-
che... Se contentera-t-il de son demi-succès ? Viendra-t-il ? Ne viendra-t-il pas ? Osera-t-il traverser
la ligne des étangs ? Nous l'attendons sans nous
faire d'illusions. Le plateau où nous sommes est
le centre de résistance, le point d'où nous ne
devons pas partir, celui où il faut demeurer jusqu'au bout et quelles que soient les pertes.

Jusqu'au bout et quelles que soient les pertes,
voilà une phrase que j'ai vu inscrite souvent dans
les tranchées, une phrase que, dans maintes circonstances graves, nos chefs nous ont dite et répé-
tée. Tenir jusqu'au bout, c'est rester tant qu'un
être français respire, c'est tuer, tuer jusqu'à ce
que l'ennemi crie grâce, c'est tuer jusqu'à la
mort...

Rempli d'un fol orgueil, il semble que la France
connaît l'ordre implacable et me regarde pour voir
si je suis résolu. Il me semble qu'elle me dit aujourd'hui « Je compte sur toi », comme elle a dit,
en d'autres circonstances, « Je compte sur vous »
à mes frères, à mes amis.

Si l'Allemand veut continuer sa marche, il va
me trouver le premier, rempart vivant que mon
pays a placé dans ce bois d'Hirzbach pour arrêter
l'invasion étrangère.

Je suis là pour ma famille, je suis là pour ma
petite ville natale, je suis là, surtout, pour le grand

pays, la France... Oh ! quelle fierté de se sentir utile à ce degré !... Si j'ai compté sur vous, mes frères, mes amis, vous pouvez compter, cette nuit, sur le soldat en sentinelle qui tiendra jusqu'au bout.

*
* *

Le ciel blanchit à peine ; mon petit sergent, avec quelques hommes, nous emmène faire des abatis à cinquante mètres en avant de nos lignes. Il y a là un petit taillis dangereux, une plantation de jeunes frênes parmi lesquels les Boches pourraient s'avancer sans être vus. Moyne taille à grands coups de serpe les jeunes arbres lorsqu'une ombre s'approche de lui.

— Que veux-tu ? dit Moyne en l'interpellant.

Une phrase incompréhensible est la réponse.

— Je te comprends pas. Qu'est-ce que tu veux ? insiste Moyne.

L'ombre s'est approchée à dix mètres et répète sa phrase inintelligible.

— Mais je te... C'est un Boche ! Prenez vos fusils !...

A l'appel de Moyne, les coupeurs de bois ont sauté sur leurs armes. Au mot fusil, le Boche, — car c'en est un, — a disparu.

Il ne va pas loin et se fait arrêter au bord de l'étang. C'est un égaré de la bataille. Par lui, nous savons que les Allemands ont eu de grosses pertes hier et que nous avons été attaqués par onze compagnies.

La conversation de Moyne avec le Boche met un moment tout le monde en gaieté, puis il y a un abattement général. Après le combat de la veille, la nuit où l'on a travaillé sans relâche nous a exténués. Quelques soldats creusent encore leurs trous, mais la plupart se sont recroquevillés, le nez entre les genoux, et ronflent...

C'est dimanche. Le ciel est tout gris ; une pluie fine tombe par intervalles sur nos épaules. Les cloches de la vallée de la Largue sonnent et celles de la vallée de l'Ill répondent, assourdies et tristes comme un glas. Ces sonneries amollissent les cœurs. Elles sont pour les soldats morts, pour les Français, pour les Allemands, pour tous ceux qui tombent en faisant leur devoir.

Les Alsaciens envahissent les petites églises des villages. Ils savent sans doute la bataille d'hier et ils prieront pour les victimes de la veille. Le prêtre leur dira d'oublier toute haine devant la mort ; il les suppliera, détenteur de la doctrine du Christ, d'unir dans leurs prières Allemands et Français pour qu'ils reposent en paix.

Dormez en paix, camarades ! Nous qui avons vécu les heures d'hier, nous qui vous avons vu tomber en plein combat, nous n'oublierons pas, nous ne pouvons pas oublier... Si j'écoute avec émotion les cloches de la Largue qui, redevenues françaises, sonnent pour nous à présent, les églises de l'autre côté du bois peuvent carillonner ; mon cœur ne connaît pas le pardon pour les ennemis de la France.

En Haute-Alsace.   6

Reposez en paix, reposez en paix, camarades !
C'est pour vous autant que pour nous que nous
nous battrons désormais.

L'eau tombe goutte à goutte des branches et les
dernières feuilles pendillent, lamentables, avant de
tomber. Le bois s'est mis en deuil. Les vernes de
l'étang ont leur écorce toute noire et celle des
frênes n'a plus d'éclat. De la mousse des vieux
troncs semblent sourdre des pleurs. Un gros chêne,
dont la cime a été emportée par un obus, paraît
agoniser en tordant quelques branches tels des
bras dans le ciel gris. Un chevreuil traverse le
plateau en bonds fous... Pas un soldat n'a une
réflexion ou un geste pour saluer le passage de
l'animal.

29 Novembre. — 6 Décembre.

La Guerre de Tranchées

A guerre change maintenant pour nous. Le contact est établi sur toute la ligne et, dans des tranchées profondes, de part et d'autre, on se cache. Adieu les grandes randonnées à travers l'Alsace ! Finies les lointaines reconnaissances. Nous nous immobilisons dans des trous. C'est la vie de tranchée qui me paraît bien monotone après les émotions du début de la campagne. A tour de rôle, les compagnies montent dans le grand bois ; à tour de rôle, elles quittent les villages de la Largue où elles sont cantonnées et où nous retournons avec un grand plaisir après nos journées de garde.

Tous les habitants, à part quelques rares exceptions, sont de vrais Alsaciens ne parlant, entre *eux, que leur patois, laissant aux* Schwobs *le* richtig Deutsch (*le véritable allemand*). *Les Schwobs sont peu nombreux dans la Largue !*

On a réparti les escouades dans les granges et chaque demeure abrite, avec un caporal, dix ou douze poilus. Les gas du Bugey et de la Bresse, les soldats du Rhône et de l'Isère sont partout bien accueillis. La chambre du poêle est toujours tiède et la maîtresse de maison toujours prête à cuisiner un plat de pommes de terre frites ou une gigantesque choucroute pour améliorer l'ordinaire. Pendant que le grand poêle de faïence ronronne doucement, il fait bon se grouper autour de la table sous le Christ encadré par les portraits des soldats de la maison... Les heures passent vite dans cette atmosphère familiale ; jamais le méchant « cafard » ne vient nous attrister.

— Votre escouade est unique, me dit souvent mon capitaine...

Oui, elle est unique. Je bénis le sort qui m'a mis à la tête de la troisième escouade. Ensemble, nous montons aux tranchées faire notre métier de soldats, mais, ensemble aussi, nous nous réunissons chaque soir de repos et c'est ensemble que nous nous couchons sur la même paille. Lorsque je suis nommé sergent, j'ai le cœur serré en quittant mon canard Morestel, Pernod, mon garde du corps, Jules, mon brave père La Fouine, et Jolivet et Bichat et Jean-Marie Botex. Je suis ému encore davantage parce que je sens qu'on me regrette.

Aussi, l'arrosage des galons n'est pas très gai. C'est Pernod qui les plonge dans le seau de vin.

Mon absence ne dure que quelques jours. Le 25 décembre, la vingt-quatrième attaque une tranchée boche et la première section est assez éprouvée. Les deux sergents de la deuxième demi sont blessés ; le nez de Coulet est parti avec une balle et Merle avec un projectile en pleine poitrine. Je reprends le commandement de la troisième escouade, où Bayzelon m'a remplacé comme caporal, et celui de la quatrième, aux destinées de laquelle préside Monod.

Notre vie de tranchée est tellement uniforme, notre séjour à Largitzen ou à Hindlingen si exempt d'incidents notoires que j'abandonne l'ordre chronologique de mes notes pour les grouper sous trois rubriques :

QUELQUES DATES,
LA VIE DANS LA TRANCHÉE,
LA VIE AU VILLAGE.

Quelques Dates

LA NUIT DE NOËL

*A la mémoire des camarades
tombés le jour de Noël 1914,
dans le bois d'Hirzbach.*

Noël ! Noël ! Il est dix heures.

Auprès de la cheminée qui pétille, ceux qui sont restés et que nous défendons causent de nous et d'autrefois. Il fait doux ; il fait clair. C'est bien le cadre du bonheur qu'on se figure veillant près de l'âtre. Les petits enfants ouvrent leurs yeux et font des étincelles pour remplacer les feux du beau sapin absent. L'aïeule tricote ; elle dit qu'elle ne veut pas mourir avant d'avoir vu la paix. Les jeunes filles rêvent de l'avenir, sourient au passé et pleurent du présent. La mère et la femme écrivent : « Mon bien-aimé, je veux passer près de toi cette nuit. Tu dois avoir bien froid, mais tu n'as rien à craindre : on ne peut pas se tuer une nuit de Noël ».

. . . .

Le grésil cingle la figure ; le vent passe en rafales à travers les grands chênes du bois. Un chat-huant se lamente sur un bouleau voisin. Les pieds dans la boue glaciale des tranchées, frissonnant malgré leurs couvertures, les soldats veillent. A moins de cent mètres, il y a l'Allemand, il y a l'ennemi.

Noël ! Noël ! Il est onze heures.

Les cloches carillonnent, annonçant la grande fête, la fête de la paix. A leurs appels, la foule se presse vers les églises qui s'embrasent. Comme on va prier pour les soldats !

. . . .

En face de nous, dans la tranchée ennemie, une trompette allemande chante la *Heilige Nacht*. Les sons très purs remplissent la forêt. On croirait vivre un conte, un conte de la Forêt-Noire, et que cette musique est celle de l'enchantement. Nous voilà pris au charme ; nous causons des Noëls passés, nous rêvons à celui du retour et nous ne sentons plus le fouet de la bise, ni le froid humide qui monte de la boue où s'enfoncent nos pieds.

Noël ! Noël ! Il est minuit.

C'est l'heure solennelle. Le Christ est né. Chantons Noël !...

. . . .

Les balles pleuvent. De tranchée en tranchée, l'action s'étend. Le bois s'illumine. Est-ce l'enchantement du conte qui se poursuit ? Hélas ! les jets de flamme indiquent des lignes de tireurs à genoux... à genoux pour mieux tuer !

Noël ! Noël ! Merle tombe, une balle en pleine poitrine...

Noël ! Noël ! Il est une heure.

Les fidèles sortent des églises, rassérénés, presque joyeux. « Que font-ils nos chers petits soldats ?

— Ils sont si braves ! — Ils doivent chanter Noël
et rire du danger. — Allons, soyons braves comme
eux et, puisque c'est Noël, faisons trève avec nos
tourments ».

. . . .

Sur un brancard, il s'en va... Il est parti, mon
vieux camarade, mon ami, mon frère d'armes...

La lune a brillé entre deux lourds nuages pour
me faire assister à son départ. Ceux qui le portent
chancellent contre les pierres et les racines de la
forêt. Qu'il était pâle, avec sa bouche sanglante et
ses yeux grands ouverts !

Noël ! Noël ! Il est deux heures.

. . . .

Je pleure. Moi, le soldat aguerri par cinq mois
de lutte, je pleure comme un petit enfant.

Maman ! je voudrais bien t'embrasser.

LE NOUVEL AN

Descente du bois à huit heures du matin. Le
cap de la nouvelle année a été franchi dans nos
taupinières, en face des Boches qui ont salué les
douze coups de minuit par une salve de coups de
feu. Nous nous sommes tous serrés la main et nos
vœux, courts et semblables, n'en ont été que plus
sincères. Jamais, je crois, désir ne fut plus unanime et plus facile à exprimer : La Victoire ; le
Retour.

Notre rentrée à Largitzen fut plutôt joyeuse. Tout le monde est content de commencer l'année qu'on espère victorieuse et de quitter l'autre, l'année de cauchemars et d'horreurs. Effusions générales, embrassades dans les rues du village. Les souhaits en patois alsacien répondent aux « Bonne année » des soldats de France.

Je me décrotte rapidement, car je vais faire des visites. Deux paquets sous le bras, je me dirige vers la demeure de mes petites amies : Jeannette Truntz aura la poupée alsacienne et Marguerite Müller la petite dame de France.

— Bonne année, petites filles d'Alsace. Voici des joujoux qui viennent de mon pays, de mon pays où l'on vous aime.

Quelle joie délirante accueille les poupées nantuatiennes qui sont follement embrassées ! Le grand pioupiou, lui-même, n'est pas oublié dans les caresses.

Les parents regardent, stupéfaits. Il paraît que la manière française ne ressemble en rien à la manière prussienne. J'accepte avec plaisir le verre de *Pflaùmenwasser* et la tranche de *Kùglooff* (gâteau ressemblant un peu à notre gâteau de Savoie).

Jeannette Truntz, en guise de remerciement, me récite sa prière en français sous le regard attendri de la grand'mère, son professeur. Le père et la mère ne savent pas un mot de notre langue ; c'est la génération ingrate, celle de l'Alsace germanisée. Il nous faudra compter surtout avec les enfants et les vieux. Les vieux nous aiment. Ils aiment aussi le petit vin de France, dont ils avaient perdu le goût, et qu'ils trouvent maintenant, à dix sous le litre, à la *Wirtschaft zùm weisen Pferd*. Ils se disent que, l'été prochain, la guerre terminée, il fera bon jouer aux quilles en buvant du vin, du bon vin exempté d'impôts, comme le buvaient, il y a quarante-cinq ans, les paisibles habitants d'Alsace.

Marguerite Müller ne sait encore dire que : « Vive la France ! ». C'est excusable, elle n'a que quatre ans. Sa famille m'invite à manger une choucroute monumentale où la blancheur du chou alterne avec le jambon rose, où les pommes de terre en robe de chambre encadrent un énorme morceau de *speck*. Le lard, ici, est un régal ; d'ailleurs toutes les cochonneries (sans jeu de mots) sont délicieuses en Alsace, — et je mange de la choucroute autant que deux Boches, ce qui n'est pas peu dire.

Le soir, il y a un grand festin régimentaire. On trinque avec un quart de champagne à l'année de la victoire.

UNE PROGRESSION FACILE

Nous allons, ce soir, avancer notre première ligne de tranchées et, cependant, nous ne sommes qu'à cent mètres des Boches. L'opération semble assez difficile, mais nous profiterons d'une nuit noire.

A huit heures, les hommes du génie arrivent, chacun avec un gabion sur le dos. Nous plaçons nos sentinelles en avant de la future ligne de défense et, sans bruit, les sapeurs remplissent les grands paniers.

La nuit est noire, noire. Nous devinons les sentinelles badoises à trente mètres de nous. Nous connaissons si bien leur emplacement : un petit bouquet de sapineaux non ébranchés qui cachent admirablement et d'où, le jour de Noël, après en avoir chassé les avant-postes, nous avons ouvert le feu sur la tranchée ennemie que nous n'avons pas pu prendre.

Des rafales de vent courbent les grands chênes du baron von Reinach ; deux bouleaux enlacés jouent des castagnettes et, pour un peu, on croirait qu'une mitrailleuse a ouvert le feu.

A minuit, l'ébauche de tranchée est finie et, derrière la ligne de gabions, nous pourrons, à l'abri, terminer les travaux.

15 janvier.

Le communiqué d'aujourd'hui annonce :

Rien à signaler sinon une légère progression dans les bois d'Hirzbach.

Voilà une progression légère... et facile.

16 janvier.

LA SAINT-GUILLAUME

Hier, nous avons attaqué une tranchée. Nous devions bien ça au père Guillaume qui prétendait, le jour de son anniversaire, débarrasser de l'Alsace les Welches sanguinaires.

Cette tranchée, nous la connaissons bien puisque nous sommes allés la reconnaître le 25 décembre. Elle zigzague dans tous les sens, croisant ses feux, et ses mitrailleuses qui battent le terrain en font un véritable fortin. L'affaire sera chaude.

Elle sera, d'ailleurs, bien courte. Tout l'après-midi, les 75, les 120 et les 95 crachent, et leurs rafales sifflent sans cesse sur nos têtes. A quatre cents mètres, là-bas, tout éclate, et les échos du grand bois nous apportent l'impression du travail énorme qu'accomplit notre artillerie.

A la tombée de la nuit, départ en lignes. C'est l'instant où le cœur fait tic-tac ; c'est l'instant où, en quelques secondes, l'esprit revoit toutes sortes de choses passées et s'arrête sur la maison où la famille espère... La première balle siffle et c'est fini.

Les feux de salve déchirent la forêt et les mitrailleuses (les moulins à café, comme on les appelle) dévident leurs bandes. L'une d'elles tire très régulièrement, au ralenti, tandis qu'une autre lâche, par intermittences, des bordées à 600 à la minute.

Pernod ne veut pas se baisser ; il regarde devant

lui comme s'il cubait du regard un sapin de la combe Léchaud.

Le génie part en avant et voici nos sapeurs au réseau de fils de fer. Les grosses pinces crient, les fils tombent ; il y en a une épaisseur de dix mètres. Un sapeur lâche son outil et s'écroule, foudroyé. Immédiatement, un autre le remplace et fait merveille. Sur le dos, se glissant à coups de rein sous le réseau, il taille et il taille. La brèche grandit, la trouée est faite.

La tranchée ennemie est toute rouge : c'est un enfer qui vomit du feu et, dans la nuit tombante, les arbres s'illuminent, les faces des combattants s'accentuent ou se fondent.

— A la baïonnette !... Le feu des Badois s'éteint. Il n'y a plus qu'à sauter dans la tranchée lorsque l'ordre de se replier arrive.

Ce n'est, paraît-il, — et notre colonel nous l'explique, — qu'une attaque simulée et, pendant que nous maintenions les défenseurs de la tranchée et les réserves qui vont venir, la ...me division, plus au nord, a progressé. Cette tranchée est trop avancée pour que nous l'occupions maintenant.

C'est alors le retour et enfin, derrière le rideau de tirailleurs qui attendent, l'enlèvement des morts et des blessés.

Nos pertes sont très faibles, et c'est un étonnement pour celui qui a entendu siffler toute cette mitraille de constater que nous n'avons qu'une cinquantaine d'hommes hors de combat.

Dans le communiqué allemand de la journée, nous avons lu qu'une attaque française des plus violentes avait été repoussée avec des pertes énormes. Voilà comment les Boches écrivent l'histoire ! Par contre, nous savons, par un prisonnier, qu'un seul obus de 120 leur a tué vingt-deux hommes.

— Il y a bon ! comme disent les Sénégalais.

N. B. — Le petit sapeur qui rampait si bien sur le dos est un acrobate de profession ; il remplit les fonctions d'homme-serpent dans un grand cirque. Son talent et son courage lui ont valu une citation à l'ordre du jour.

28 Janvier.

LES CLOCHES D'ALSACE

Qu'elles nous causent de l'émotion les satanées cloches de l'Alsace encore sous la domination prussienne ! Ce soir, elles sonnent à toute volée et leurs joyeux carillons remplissent le bois, notre bois bien français maintenant puisque nous l'occupons.

Digue digue boum ! c'est la victoire des armées du kaiser ; digue digue boum ! réjouissez-vous, pieuses et patriotiques populations de la Haute-Alsace, les soldats allemands viennent de se couvrir de gloire ! digue digue boum ! remerciez le Seigneur qui a permis à son très juste peuple germain de fouler aux pieds l'ennemi impie et maudit... Et les digue digue courent dans l'air, se rejoignent et se fondent ; et le gros bourdon de Feldbach accompagne les sonneries d'Hirzbach, et les clochettes de Bisel égaient les vallons avec leurs compagnes de Moos. Digue digue boum ! On dirait une veille de fête.

⁎

Les canons ne tonnent plus. Dans leurs tranchées, les soldats écoutent, recueillis, la voix des cloches. Nous n'avons plus de nouvelles de la guerre depuis cinq jours ; nous ne savons pas ce qui se passe sur le front et, anxieusement, nous nous interrogeons.

Sommes-nous battus en Alsace, en Champagne ou en Belgique ? Sont-ce les Anglais ou nos poilus qui ont reculé devant les hordes teutonnes ? Est-ce sur le front oriental ou sur nos frontières que Guillaume a remporté cette victoire qui, ce soir, fait chanter toutes les cloches de l'Alsace prussienne ? Digue digue boum ! elles ne se lassent pas d'un si long concert.

Sonnez, sonnez, méchantes cloches que l'artillerie française a toujours respectées ! Louez les vertus de votre empereur sanguinaire ! Annoncez gaiement la mort de milliers d'hommes ! Célébrez une victoire des Barbares avec des carillons de baptême ou de mariage !

La tristesse envahit nos soldats. Nous n'en viendrons donc pas à bout de ces bandits, de ces incendiaires, de ces tueurs de femmes et d'enfants !

L'avenir paraît tout noir. Il faut gronder et blaguer pour ramener, sur les lèvres des camarades, le sourire parti avec le digue digue boum des cloches.

Pour ma part, je ne suis pas très impressionné. La dernière fois que les clochers alsaciens ont chanté c'était pour le bombardement de la côte anglaise. Je suis convaincu que les carillons de ce soir annoncent encore de criminels et piteux effets de terrorisation : la venue d'un taube ou d'un zeppelin sur Paris et la mort de quelques femmes, de deux ou trois enfants.

Peut-être, les journaux, demain, me diront que c'est plus sérieux. Tant pis ! il faut aujourd'hui rire et se distraire et, comme Pernod en sentinelle vient m'annoncer qu'il voit un « beau gris », nous allons faire un feu de salve sur le Boche ; nos fusils vont couvrir les voix des clochers.

La batterie de 120 tonne avec nous. Taisez-vous, cloches d'Alsace encore esclaves ! Taisez-vous pour laisser parler nos canons vengeurs ! Taisez-vous jusqu'au jour prochain où vous chanterez votre liberté reconquise par les armées françaises !

20 février.

✛ La vie dans la Tranchée ✛

UNE JOURNÉE DANS LA TRANCHÉE

Baissons la tête. Un petit temps de galop, juste pour passer cette rangée de gabions, et nous voici dans la tranchée circulaire. Cinq hommes à droite avec un caporal, dix avec moi au centre, dix à gauche avec le second cabot ; notre demi-section est installée.

— Point de consigne spéciale, me dit le sergent de la 23ᵉ compagnie, mon prédécesseur à ce poste.

Il n'a pas besoin de m'indiquer la direction de l'ennemi dont la tranchée se développe à 150 mètres de la nôtre ; par le trou d'une plaque de blindage, je vois fumer les abris boches. Un boyau doit être plein d'eau car, régulièrement, un baquet paraît et bascule un liquide boueux par dessus le talus.

Je prends en garde quatre pelles, deux pioches, douze peaux de moutons pour les sentinelles, treize bombes avec le bracelet destiné à les lancer, huit boucliers et un crapouillaud. Je signe un papier ; me voilà responsable pour un grand jour.

— Au revoir, bonne chance, disent en nous quittant les hommes de la 23ᵉ, qui viennent de tirer leurs vingt-quatre heures de garde et vont se reposer au village en bois, à quelques centaines de mètres en arrière.

La tranchée circulaire est au centre du secteur

du 6e bataillon. Elle est toute biscornue, zigzagant entre les grands chênes du bois, et il faut la parcourir bien des fois avant de pouvoir se reconnaître au milieu des boyaux qui la coupent en tous sens. Ici, c'est un terrier creusé dans l'argile ; il y a une cheminée au fond ; bien serrés, avec nos couvertures, avec un chauffeur comme Pernod, nous y avons toujours nargué le froid. Là, un boyau s'amorce ; il va, après de nombreux méandres, aboutir de l'autre côté de la crête où l'on peut se montrer sans risquer un coup de fusil. Un autre fait communiquer notre tranchée avec celle qu'occupe l'autre demi-section ; un autre encore, dans le coin, va jusqu'au trou remplissant l'office de water-closet ; ce boyau, très étroit, c'est l'égoût qui draîne toutes les eaux jusqu'à l'étang.

Mes sentinelles sont placées, face à la chaussée, entre les deux étangs. On peut casser la croûte.

Braillon, l'homme du Beaujolais, surnommé Schnaps par ses camarades à cause de son amour pour les boissons fortes, est déjà installé au coin du feu, à sa place favorite qu'il ne quittera qu'en cas de force majeure.

Comme d'habitude, le père la Fouine rôde dans la tranchée à la recherche d'une bêtise à faire. Clac ! un coup de feu... Voilà la première accomplie. Le père la Fouine vient de tirer sur le baquet qui verse toujours l'eau boueuse de la tranchée boche. La réponse ne se fait guère attendre : une mitrailleuse nous arrose et renverse une plaque

de blindage. Nous eng...uirlandons notre camarade comme il le mérite. Il va cacher sa honte à
côté du crapouillaud, — notre pot de chambre,
ainsi que l'appellent les soldats.

**

L'heure de la soupe arrive sans autre aventure.
Chargés de « boteillons », le chef de cuisine et
son aide barbu nous apportent le menu du jour :
soupe aux oignons, nouilles et porc rôti, morue
frite, un quart de vin et un quart de jus.

Que faut-il de plus ? L'abondance de la nourriture nous fait renoncer à vider les plats. Le pain,
surtout, est gaspillé et les nombreuses boules de
son de « rabiot » vont, au bout des piquets, montrer aux Boches que les Français ne crèvent pas
de faim.

Les coups de feu isolés sont plus à craindre.
Dans chaque tranchée allemande il y a un excellent tireur muni d'une arme de précision. Cette
arme est montée sur un chevalet de tir et, pan !
à 300 mètres elle vous démonte un homme très
proprement. Colomb, le meunier de Neuville, a
eu son képi traversé hier, et il n'y a pas de
semaine où l'une de nos sentinelles ne tombe mortellement frappée. Le gros frêne du coin a déjà vu
tomber trois hommes et la peau de mouton, dont
se couvre celui qui s'y place, conserve le souvenir
sanglant des morts à ce dangereux poste.

★
★★

Le feu d'artifice commence une fois la nuit venue. Des fusées sillonnent le ciel et des grenades éclairantes illuminent presque sans interruption, au grand déplaisir des chouettes, les chênes et les bouleaux de la forêt. Nous sommes un peu blasés sur la récréation nocturne que nous offre la guerre et, après dix minutes de contemplation, nous rentrons dans notre terrier bien chaud.

Schnaps n'a pas bougé du coin du feu sur lequel Pernod entasse, à tout instant, des rondins de frêne qui brûlent tout verts avec une belle flamme. Une manille réunit, autour d'une couverture qu'on tient bien tendue, les terribles joueurs du Bugey. L'équipe d'Artemare a raison du *team* des hauts plateaux.

Déjà Bichat ronfle à plein gosier. Enveloppés dans leurs couvertures les soldats, l'un après l'autre, s'immobilisent dans des poses variées. On dort dans toutes les positions. Morestel est recroquevillé sur ses mollets ; Nicollet, soutenu par l'épaule de Chêne, ouvre une bouche immense, on dirait qu'il attend la becquée ; Tixier, surnommé le père Janvier, disparaît dans sa barbe épaisse.

Seul, le père la Fouine ne dort pas. Devant l'âtre grillant ses chaussures qui fument, il rêve.

Quelle bêtise va-t-il imaginer demain ? Voilà la question que je me pose et puis, sans chercher plus longtemps, je m'endors tranquillement, à deux cents mètres de l'ennemi, dans le grand bois déchiqueté par la mitraille.

ACCÈS DE SENTIMENTALITÉ

Filliat vient de découvrir un Allemand. Il m'appelle ; j'accours. A cent mètres, une sentinelle ennemie est adossée au tronc moussu d'un vieux gros chêne et, après six mois d'usage, son manteau jadis vert feuille se détache en blanc pisseux sur la sombre écorce de l'arbre.

Par un trou de la plaque de blindage je glisse mon fusil et j'épaule. L'homme, là-bas, ne se doute de rien. Il a appuyé son arme contre le chêne et lit une lettre avec une attention profonde. La mitrailleuse qui, l'après-midi, nous a arrosés à différentes reprises s'est tue. Pas un coup de fusil ne trouble le bois qu'un crépuscule de février remplit d'une angoissante grandeur. La glace des étangs qui encadrent la chaussée, secteur de notre défense, reflète la silhouette squelettique des arbres, et ceux-ci me paraissent bien, bien hauts, à moi qui suis accroupi dans un trou...

L'Allemand a terminé sa lecture ; à présent le voilà plongé dans une rêverie émue. Mon doigt a quitté la gâchette du lebel et je rêve aussi.

Je pense au vieux lied que m'a chanté Louise, l'épicière, au vieux lied allemand, le seul qui m'a plu, le seul qui puisse me faire rêver alors que j'ai devant moi un ennemi, un Boche, un de ceux qui dévastent mon pays, qui désolent ma famille, un de ceux qui veulent ma peau... C'est le *Stech ich in finstrer Mitternacht*, c'est le chant de la sentinelle, seule, à minuit, gardant un poste dangereux et qui rêve à la fiancée fidèle et tendre. Pendant qu'il veille, dans la nuit glacée, la *fraülein* pense à lui, le conscrit aimé que la patrie a réclamé un jour. La fiancée peut s'endormir tranquille : l'heure de garde s'achève et la ronde vient relever la sentinelle avancée.

Mon esprit a quitté le grand bois mystérieux, la tranchée, l'Allemand rêveur et le fusil dirigé contre lui. Je pense à toutes sortes de choses, à ma famille, à ma petite ville s'endormant sous l'abri de ses hautes montagnes, à mes amis dispersés sur le vaste front derrière lequel espère en nous la France.

Lentement, la nuit assombrit les grands chênes. Comme je veux secouer la torpeur qui m'a envahi, je m'aperçois que la sentinelle badoise a disparu et qu'à sa place deux chevreuils s'installent à brouter, juste en avant du réseau de fils de fer. Les bêtes gracieuses, affolées par les incessantes fusillades de deux mois de combats, profitent de cette trêve silencieuse. Peu à peu elles se rassurent et la scène devient charmante : voici que le chevreuil de gauche esquisse une gambade pendant que le plus gros, celui de droite, atteint, en se dressant sur ses pattes de derrière, la dernière feuille rougie d'un chêne renversé. Un vieil instinct de chasseur me fait frémir un peu.

★★

Pays, famille, m'avait dit la sentinelle allemande rêvant au pied du grand chêne ; beauté des choses, charme du silence, me soufflaient les arbres majestueux et le soir tranquille ; la paix, voilà ce à quoi me faisaient rêver les chevrettes, la paix qui laisse vivre en sécurité, la paix dans le travail, la paix donnant aux foyers le bonheur après la plus affreuse des guerres. Je n'avais pas tiré sur l'Allemand ; je n'ai pas tiré sur le beau gibier qui broutait à quarante mètres de ma tranchée.

Mais pour répondre à mon accès de sentimentalité, pour couper court à mes rêveries trompeuses, la mitrailleuse boche a recommencé le dévidage de ses bandes, les 77 ont craché leurs obus blancs, bleus, rouges, et les deux 120 français, terrés derrière nous, font trembler le bois qui s'endormait.

Les chevreuils, d'un bond, ont quitté le dangereux pacage ; un coq faisan a traversé en craquetant l'étang glacé ; une chouette, perchée sur un vieux tremble, commence sa chanson nocturne qui me fait frissonner encore après deux mois de vie dans les bois.

Je m'en voudrais si j'avais tué l'une des chevrettes, mais je regrette d'avoir épargné le Boche... Bah ! demain nous remettra peut-être en présence l'un de l'autre et alors...

ACCÈS DE TRISTESSE

A neuf heures, ce matin, un soldat de la vingt-quatrième a été tué. C'est un fait qui, en général, n'impressionne plus guère et qu'on annonce de la façon suivante :

— Tu sais, X... vient d'être tué.

— Qui c'est X....?

— Ce grand barbu de la quatrième section... Il est marié ; quatre enfants ; il habite Y...

— Ah !

Et c'est tout...

Aujourd'hui, je suis très impressionné parce que le pauvre a été tué bêtement.

Portier ramassait du bois, trois cents mètres en arrière de la ligne de tranchées, lorsqu'un Boche, un de ces tireurs habiles dispersés sur tout le front, lui a flanqué une balle qui l'a foudroyé.

Eh bien, vraiment, ça c'est idiot !

La mort de ce bûcheron qui va chercher des souches pour chauffer ses camarades, de cet homme sans armes, de ce soldat sans fusil, est stupide.

Mourir en défendant une tranchée, soit ! mourir en attaquant, tomber, la baïonnette haute, avec, dans les yeux une vision de victoire, superbe !... Mais recevoir une balle en ramassant du bois, un shrapnell alors qu'on mange la soupe, une bombe d'aéroplane alors qu'on dort..., ça non, c'est triste, c'est lugubre...

Neuf fois sur dix, on meurt ainsi, à la guerre.

J'ai peur aujourd'hui de tomber comme ça.

NUIT LONGUE ET NOTES BRÈVES

Six heures du soir. Dans un abri, à deux mètres sous terre. Réserve de garde dans le bois. Luminaire : une bougie ; ceux qui ne dorment pas se pressent autour. Delomme lit le *Tour de France par deux Enfants,* déniché dans une maison alsacienne ; Escoffier, le clairon, regarde d'un œil rêveur des images de la guerre que le courrier nous a apportées ce matin ; Etienne Monod blague Mangeot qui revient de l'infirmerie et nous raconte ses souffrances ; Bayzelon a le cafard et veut mourir.

Bayzelon veut mourir parce qu'il a son soulier droit en piteux état et que c'est un martyre par ces jours glacés. Il a décidé de se laisser périr de faim. Seulement, comme à côté de lui on savoure une boîte de foie gras, la tentation l'emporte et Bayzelon, tout en mangeant, cherche un moyen moins cruel pour disparaître.

Il a trouvé. A cent mètres d'ici se trouve la première tranchée boche : il va la charger tout seul, il est sûr de son affaire. Mais le bois est plein d'eau et Bayzelon a horreur de se mouiller les pieds. Il cherche encore ; il cherche en mangeant du chocolat. Que c'est difficile de mourir honnêtement !

Jean-Marie Botex chante *Sur les Bords de la Riviera ;* le terrible taureau (lisez territoriaux) de Gravelle, Bichat gémit sur les malheurs des temps ;

En Haute-Alsace.

Pernod, de Maconod, met du bois au feu. Ce que cet animal use de combustibles est inconcevable ; c'est à croire qu'il veut brûler tout le bois d'Hirzbach à petit feu et qu'il se croit à une coupe aux Ferrirands ou au Molard de l'Orge.

Enfin, Morestel entreprend de compter les gouttes d'eau qui lui tomberont dans le cou jusqu'au matin, — dans douze heures.

Sept heures. On mange, bien doucement pour que le temps passe vite, un saucisson et un fromage de Pont-l'Evêque.

Huit heures. Le saucisson était délicieux et le Pont-l'Evêque aussi. Nous pouvons tenir, l'estomac étant satisfait. Bayzelon mange toujours ; Etienne Monod dispute Mangeot pour une question de vin ; tout à l'heure ces deux Oyonnaxiens s'accrocheront pour autre chose. En dix minutes, dix-sept gouttes d'eau ont coulé dans le dos de Morestel.

Neuf heures. Je vais... voir le temps qu'il fait.

Dix heures. Sale temps. Nuit noire. Vent glacé. Pour éclairer le bois, les Boches lancent des fusées et me font un feu d'artifice. La distraction est bien venue. Je rentre, transi.

Onze heures. On m'a pris ma place près du feu et, maintenant, j'ai aussi ma gouttière. Pan ! dans le cou. Attends, Morestel, nous allons faire un match.

Minuit. Je vais faire la relève des sentinelles.

Une heure. Bayzelon est tombé la tête la première dans un boyau d'écoulement profond de deux mètres. Nous le retirons avec des courroies de fusil. Rien de cassé. Comme la *Jeune Captive*.

Il ne veut pas mourir encore

Deux heures. Le feu prend à notre gîte. Extinction difficile.

Six heures. Jus ! Les cuisiniers racontent leur aventure : Ils ont failli, dans la nuit noire, porter notre café aux Boches.

UN DIMANCHE DANS LA VILLA BAUCIS

Il pleut. La première section est de réserve dans la villa Baucis, tout à côté de la villa Philémon, ces deux demeures faisant partie du Weherdorf (village des Etangs).

C'est dimanche. Nous ne nous en apercevons guère. Depuis six jours, nous habitons les bois que le bataillon ne quitte que rarement. Un jour, deux jours au plus de repos au village et, vite, nous remontons dans nos baraquements sylvestres tenir compagnie aux hiboux et aux chouettes qui peuplent les grands bois du baron.

Le printemps approche. Malgré la pluie, et bien que nous venions de passer deux jours de neige et de froid intense, les oiseaux chantent sans arrêt. Je sais maintenant ce que veut dire un bois plein d'oiseaux, et les quelques mésanges et le merle solitaire des fourrés du Haut-Bugey ne peuvent en donner une idée.

Depuis le petit jour, le rossignol chante, les merles sifflent, les geais piaillent. Une volée de *têtes noires* disputent aux souris, à la porte de notre demeure, des débris de toutes sortes. Deux hérons passent en battant lourdement leurs larges ailes ; ils se posent dans les joncs de l'étang où ils ont niché l'an dernier, où leurs petits écloront cette année encore. Leurs seuls rivaux sont deux canards, deux superbes cols-verts, la cane proteste en cancanant bruyamment. Un coq-faisan fait un bruit d'enfer dans la plantation de frênes ; un casse-noix fait claquer son bec comme des castagnettes ; un épervier, au-dessus des arbres, tournoie en sifflant. Et puis, c'est une multitude de mésanges, de fauvettes, de rouges-gorges, de pinsons, verts, jaunes, blancs, noirs, voletant et piaillant, se poursuivant dans le bois qu'ils remplissent de chansons, de bruits d'ailes, de la plus joyeuse agitation. C'est le printemps !...

Sept heures. La pluie a interrompu nos travaux, Sur les bas-flancs en clayonnage, la plupart des poilus de la première section sont étendus dans leurs couvertures.

Nicollet, accroupi sur ses genoux, écrit à sa bourgeoise. Quatre Dombistes jouent à la manille. L'infirmier fait griller au feu de larges tranches de pain pour tremper dans son jus. Delomme, l'homme universel, fait une conférence sur les projecteurs allemands. Macérat, le clairon de la deuxième escouade, prédit une attaque pour huit heures. Tixier, notre père Janvier, demande à son ami Filliat combien de kilomètres encore nos armées ont à parcourir avant d'entrer à Berlin.

Le père Janvier ne fait la guerre qu'à coups de kilomètres : étant donné qu'en dix jours, nous avons progressé de 333 mètres, étant donné que nous sommes à 800 kilomètres environ de Berlin, nos soldats pénètreront dans 66 ans dans la capitale prussienne. La solution du problème lui paraît tellement au-dessus de toute discussion que nous n'avons jamais pu l'en faire démordre.

Huit heures. Voici le journal, tout comme dans la vie civile. C'est un *Matin* que le caporal-fourrier me remet précieusement. En un clin d'œil, les bas-flancs sont désertés et toute la section fait le cercle autour de moi. Comme il fait sombre dans notre refuge, j'allume une bougie et je lis.

La prise du fortin de Beauséjour fait briller tous les yeux. Au passage où les marsouins s'élancent, sans prendre le temps de saisir leurs armes, pour assommer, avec les pioches qui leur servaient à démolir les boyaux, les Allemands aux prises avec une compagnie d'infanterie, Pernod, l'homme sans peur, l'homme qui, hier encore, est allé chercher sous les fils de fer ennemis un lièvre tué par un camarade, Pernod s'écrie à plusieurs reprises :

— Ah ! les charognes ! Ah ! les charognes !

Dans la bouche de Pernod, charogne est un terme d'admiration suprême dont il est bien diffi-cile de donner une définition. Mais, dans ce mo-

ment où toutes nos pensées sont pour les héros
de Champagne, où tous nos cœurs battent plus
fort au récit de leurs exploits, ce terme... éner-
gique est profondément émotionnant. Le loquace
père La Fouine en reste muet, et Mangeot exprime
ainsi l'impression générale :

— C'est affreusement beau !

Il ne faut rien moins que l'arrivée de la soupe
pour couper court aux rêveries belliqueuses de la
villa Baucis.

Midi. La digestion se fait sur les bas-flancs. Les
grosses pipes fument comme des tuyaux de locomotive et la fumée s'étage en volutes bleuâtres
sous le toit dont la charpente, peu à peu, disparaît.

On forme des groupes : l'Ain, le Rhône et le
Doubs ont fourni les hommes de notre régiment,
à l'exclusion presque complète des autres régions.
Aussi, comme on est en famille ! Dans un coin,
le garde-champêtre de M. raconte, à ses compatriotes du Doubs, comment il carotte à sa commune
quelques moules de bois chaque saison ; les gônes
de la Croix-Rousse parlent de l'île Barbe aux
gônes de Vaise avec des trémolos dans la voix ;
les Bressans causent gaudes ; les Bugistes répondent par fromages et sapins.

Deux heures. Pernod rentre à l'abri avec un
chat-huant sous le bras. L'oiseau a une aile cassée ;
l'infirmier lui fait un pansement sommaire et, avec
une ficelle à la patte, Hindenbourg est perché sur
une poutre de notre toiture.

Trois heures. Les Boches tirent des feux de salve et leurs mitrailleuses crépitent. C'est le concert habituel. La réserve n'est qu'à 500 mètres de l'ennemi, mais nous avons, à 300 mètres, pour nous séparer de lui, la ligne des tranchées et tout ce bruit ne nous intéresse guère aujourd'hui : nous sommes de réserve.

Quatre heures. L'abri sent la pipe et l'on y crie beaucoup. La pluie a cessé. Je file dans le bois respirer le printemps.

Les grands arbres ont déjà un air de jeunesse sous le ciel nuageux, sous la poussée des sèves revivifiantes ; les chatons pendent aux noisetiers ; quelques bourgeons gonflent l'extrémité des branches. Je marche sans bruit sur le feutre épais des feuilles imbibées de pluie. Après une plantation de jeunes arbres, voici des chênes énormes, superbes de forme et de vigueur, voici, dans un bas-fond, des bouleaux et des trembles qui s'élancent des grandes herbes sèches.

Un couple de perdrix part à mes pieds et, d'un bouquet d'aubépins, une chevrette s'élance. Mon immobilité rassure la gentille bête ; elle diminue son galop et trottine jusqu'au fourré voisin où elle disparaît.

Coucou... coucou... C'est le printemps, c'est le coucou. Voici la fin de bien des souffrances ; voici la porte ouverte à bien des espoirs. Chante, coucou, oiseau des bons présages ; tes appels remplissent mon cœur d'une joyeuse émotion ; il te répond aussi en appelant la Victoire, la Victoire prochaine du droit et de la civilisation d'où sortira une France plus grande, plus unie, plus prospère.

Coucou... coucou... La mitrailleuse allemande ne trouble pas plus mon ardente confiance qu'elle n'interrompt le chant de l'oiseau printanier.

La Vie au Village

UNE JOURNÉE DE REPOS

C'est le jus qui nous réveille ou plutôt, c'est Moyne qui nous réveille en apportant le jus. Que nous soyons à la tranchée ou au village, le jus fait toujours sourire. On ne dressera jamais assez de couronnes pour ce bienfaiteur, pour cet ami du soldat. A la grand'halte, quand fatigués par une longue marche on s'est laissé choir, le jus ranime et redonne le courage d'entreprendre une nouvelle étape. A la tranchée, après une nuit glaciale, le quart de jus bouillant efface les mauvaises heures. En guerre, le jus produit toujours de merveilleux effets. C'est lui qu'on apporte au blessé qui défaille. « Au jus ! » voilà le seul cri de joie qu'on entend ici, unanime et sincère. Le jus sauvera la France.

« Au jus ! » crie Moyne, et Delomme se met à « râler ». Au réveil, Delomme est toujours de mauvaise humeur. A l'entendre, il a passé une nuit affreuse ; une souris lui a grignoté la barbe ; Filliat prend toute la place, que sais-je ! C'est toute une kyrielle de lamentations qui ne cessent que lorsque Moyne clame : « Au rabiot ! »

Delomme bondit pour avoir une nouvelle part dans son quart déjà vide... Il bondit et se tait. C'est la seule façon, chaque matin de repos, d'arrêter les discours de Delomme.

Filliat, insensible aux invectives du père La Fouine, tranquillement fait la saucette en trempant de longues tranches de pain dans son quart. Nicollet s'est déjà installé pour écrire ; Escoffier jure parce qu'il ne peut pas enfiler ses chaussures encore imbibées de l'eau du bois. Mollement étendus sur notre paillasse, Monod et moi, nous contemplons d'un œil amusé le réveil de la demi-section. Nous sommes logés dans une vaste chambre ; le mobilier consiste en une poutrelle qui retient la paille aux pieds des hommes. Des clous plantés dans le mur soutiennent fusils et équipements. Dans un coin, une caisse avec une paillasse, c'est la couchette que je partage avec Monod. Une minuscule fenêtre, une fenêtre alsacienne laisse passer par ses petits carreaux sertis de plomb un rayon du soleil levant...

Nous descendons l'un après l'autre de l'appartement de la deuxième demi. Dans la cuisine, Philomène — c'est le nom de notre propriétaire — fait chauffer du lait. Tout à l'heure, nous aurons du chocolat. Son frère, Albert, élève de seconde au collège d'Altkirch, en vacances prolongées *causa belli,* scie les perches que nous avons rapportées du bois.

Il a gelé ce matin. La boue de la route se dresse en petites chaînes de montagnes givrées. Les poules frileusement escaladent les tas de fumier qui fument. Droit sur ses ergots, le coq de Philomène pousse un cocorico sonore auquel répondent tous les coqs du village... Autour de la fontaine qui ruisselle, il y a foule ; c'est le moment du grand débarbouillage ; c'est aussi le moment où les tuyaux les plus sensationnels circulent.

— On attaque demain.

— Penses-tu, chéri !

— Oui, c'est X. qui l'a dit.

— Oh, si c'est X. !

— C'est l'ordonnance du capitaine Y. qui lui a dit.

— Ah !

Du moment qu'une ordonnance l'a dit, c'est que c'est vrai... On redescend pour le chocolat. Les femmes sortent de l'église. La petite Marie Müller a un fichu vert épinard autour de la tête et la mère Schmidt un grand châle à franges qui descend jusqu'aux genoux.

— Gùten Tag, Anna, was neùs ? (Quoi de nouveau ?)

— Bonchour, rien.

Nous connaissons tous les habitants du village.

Déjà Macérat et Stirnemann, l'Alsacien impénitent, sont à l'épicerie devant un verre de rhum. A l'appel, ce soir, ils seront incapables de dire le nombre de petits verres qu'ils auront avalés... Albert, le conducteur, panse l'Aveugle et la Boche, les deux chevaux de la voiture de compagnie ; André, l'ordonnance du piston, jure après son cheval qui saute à chaque coup d'étrille... Les corvées de quartier circulent. Jamais le village n'a été si propre. Les gros tas de fumier sont soigneusement équarris. On enlève la boue des chemins ; on creuse, de chaque côté, des rigoles pour l'écoulement des eaux... Les non employés écrivent. On ne coud presque plus dans le régiment parce qu'il y a trop d'Alsaciennes...

A la soupe ! Moyne s'est distingué ; Moyne se distingue toujours... On nous apprend que les Boches ont blessé un gamin de huit ans qui revenait de l'école où Desseignet professe. Desseignet, c'est l'interprète de la compagnie, chargé d'apprendre le français à la marmaille de la vallée de la Largue. Il faut être Boche pour confondre une rangée de gamins avec une colonne de soldats et leur envoyer des obus...

L'après-midi est bien vite passé. Des parties de manille s'organisent dans tous les coins. Avec le jeune Albert, je traduis du Virgile en français ; lui le traduit en allemand. L'Eneïde me permet d'apprendre beaucoup d'allemand ; à Albert beaucoup de français. Le latin est un terrain neutre. Je planche l'Eneïde pour aller au cours de français réservé aux adultes de la commune. C'est à la mairie que ça se passe. Il y a, dans la salle des délibérations, une cinquantaine de jeunes gens, de jeunes filles, de femmes qui répètent après la sœur :

— Deux z'oiseaux et trois z'oiseaux font cinq z'oiseaux.

Re-soupe à quatre heures et demie. Moyne a

fait une choucroute superbe. Sacré Moyne ! Il ne
quitte jamais ses casseroles et travaille sans cesse.
C'est un homme précieux que notre cuistot !

C'est à la *Wirtschaft* qu'on se réunit après la
soupe. Il y a, à Hindlingen, comme dans tous les
villages de la Haute-Alsace, la *Wirtschaft zùm
weisen Pferd,* mais il y a aussi l'épicier qui a pris
patente, puis les cultivateurs qui ont installé une
table dans leur chambre pour vendre du vin aux
Français.

Chacun prétend bénéficier un peu de la guerre.

RÉFLEXIONS SUR UN PETIT LIVRE

J'ai trouvé sur un prisonnier badois un petit
livre de chansons. C'est avec des chansons qu'on
a fait l'Allemagne, et si les *fraülein* ont leur carnet
de cantiques, les écoliers possèdent un livre de
lieds et chaque soldat serre précieusement sur sa
poitrine les *Lieder fur deutsche soldaten* (chants à
l'usage des soldats allemands). Dans tous ces
chants, l'orgueil germanique éclate ; c'est toujours
et partout la *Deutschland über alles* (l'Allemagne
au-dessus de tout), c'est toujours le *Gott mit ùns*
qu'on retrouve même sur les plaques de ceinturon,
c'est toujours le kaiser un et indivisible qui rè-
gnera un jour sur le monde entier.

Pour en revenir aux *Lieder fur deutsche soldaten,* il faut les lire pour se rendre compte du
« chauffage » patriotique auquel ont été soumis les

fidèles sujets du kaiser. Après, on dira que les intentions pacifistes de ce dernier n'étaient pas niables lorsque, dans chaque chant, on sent la haine du Français, l'ennemi de l'occident.

La Vistule et le Rhin, les deux frontières naturelles, sont divinisés comme les gardiens vigilants de la patrie boche et, seules, les armées allemandes les franchiront un jour pour agrandir l'empire allemand qui, seul, doit régner sur le monde.

Je traduis, entre autres, deux strophes du lied 13 :

O mon Allemagne, je dois marcher ! ô mon Allemagne, tu me donnes du courage ! Je veux brandir mon sabre ! Et toi, ma balle, tu siffleras ! Il me faut du sang de Français.

C'est gentil. Vous voyez, pendant les marches éreintantes, le soldat prussien, suant et poussiéreux, gueuler le long des routes qu'il lui faut du sang de Français !

Et nous voici en plein dans l'extase de la bataille :

O combien les trompettes résonnent amoureusement ! Combien amoureusement on sonne du cor ! Les étendards flottent dans le vent frais, les cavaliers galopent sur leurs chevaux.

La résonnance amoureuse des trompettes ! Il n'y a que les poètes allemands pour avoir de ces images-là. Je ne sais si les soldats du kaiser trouvent amoureux le son du clairon français lançant nos pioupious à la baïonnette.

_*
_{* *}

L'hymne national allemand est l'*Heil dir im
Siegerkranz*. Malheureusement, l'air est le même
que celui qui accompagne les paroles des chants
nationaux anglais, suisse et quelques autres. Les
Allemands vont, paraît-il, décréter que l'hymne
national sera dorénavant le *Deutschland über alles*.
Au moins la musique est-elle d'un auteur apparte-
nant à la grande nation alliée. C'est, en effet, sur
les deux premiers motifs en majeur de l'hymne
autrichien de Haydn qu'on chante les couplets
enflammés de l'Allemagne au-dessus de tout.

La deuxième strophe m'amuse beaucoup, parce
qu'après la vertu des femmes allemandes, on y
loue le seul vin allemand qui seul fait chanter la
seule chanson allemande.

*
* *

Un alsacien d'Hindlingen, ancien légionnaire,
boit maintenant sa chope de vin blanc à l'auberge
du *weisen Pferd*. Il lève les yeux au ciel lorsqu'il
déguste le vin de France et ne pense plus qu'au
soleil d'Afrique et aux coteaux de Mascara.

Il y a trois mois, à notre premier passage, il
buvait de la bière allemande et ses lieds mélanco-
liques mettaient du froid dans mon cœur. Depuis
que nos vins arrivent en Alsace, il a changé, il
parle plus fort, plus nerveusement ; il nous dépeint
les beautés de Sidi-bel-Abès et, après un *kif-kif*

anda, il chante à plein gosier *Trabaja, la moukère !*

Le vin allemand n'a jamais produit un pareil effet. Mélanie, qui verse deux verres de *Pflaùmenwasser,* s'enfuit épouvantée. La mère Zimmermann lève les bras au ciel en criant :

— *Er ist ganz verrückt !* (Il est complètement fou). Deux artilleurs algériens qui arrivent d'Afrique accompagnent le chant arabe en tambourinant sur la table. Le vieux légionnaire est follement acclamé.

DE LA CUISINE ALSACIENNE

Grande concurrence culinaire à l'épicerie, où les Bugistes de la 24ᵉ compagnie se sont réunis après cinq jours passés dans les bois.

La discussion est d'autant plus chaude que les jeunes épicières, Louise et Marie, y participent comme représentant la cuisine alsacienne. Et puis, ce qui donne de l'animation à notre conférence, c'est que nous devons faire un repas alsacien, c'est que nos hôtesses ont préparé à notre intention, avec une gigantesque choucroute, des *Pfanenküchen,* des *Appfelnküchlein,* des *Leberknôpfe* et des *Pfeffernüsse.*

Bourg gémit parce qu'il n'y a pas de ramequin, et se console en engloutissant des quartiers énormes de lard fumé.

J'ai gardé mon appétit pour faire honneur aux friandises, mais je suis déçu. Les *Pfanenküchen* ne sont autre chose que notre matefaim national, plus épais et surtout plus indigeste. L'adjonction de farine de seigle ne constitue pas une amélioration, au contraire.

Les *Appfelnküchlein* sont tout simplement les beignets aux pommes que tout le monde connaît.

Voici pourtant du nouveau : les *Leberknôpfe*, mot à mot : les boutons de foie. La brune Marie a transcrit sur mon album la recette. Les *Leberknôpfe* sont de petites quenelles au foie de porc pilé et mélangé à des œufs, avec tous les ingrédients ordinaires, poivre, sel, oignons.

Un peu d'ail conviendrait mieux, à mon avis, mais l'ail est inconnu en Alsace, du moins dans l'Alsace que j'ai pratiquée. Après avoir fait gonfler dans l'eau bouillante les *Leberknôpfe,* on les fait sauter au beurre et on les mange avec une salade un peu relevée, de préférence une salade de choux rouges.

Ce plat a du succès. Mangeot, toujours difficile, daigne reconnaître que ce n'est point mauvais. Bourg ne dit rien ; il est vrai qu'il a toujours la bouche pleine ; quant à Bayzelon, il ne songe plus à se laisser mourir de faim.

Et nous voici au dessert composé des *Pfeffernüsse* (noix au poivre). La blonde Louise a transcrit, sur une seconde page de mon album, le procédé de fabrication que je traduis à l'usage des cuisinières du Haut Bugey :

Battre trois œufs avec 300 grammes de sucre.

Faire un caramel avec un peu de citronnade, un peu de poivre, un peu de poudre de girofle (tout simplement des clous de girofle grillés et réduits en poudre), un paquet de poudre à cuire (probablement du carbonate d'ammoniaque qui fait fonction de levain), et 300 grammes de farine. Disposer la pâte en petits tas sur une tôle et faire cuire un quart d'heure.

Les *Pfeffernüsse* ont quelque analogie avec des massepains, et ce n'est pas mauvais du tout. Le plat a disparu comme par enchantement.

On pense bien qu'après un semblable repas la soirée est des plus gaies. Les chanteurs ouvrent leurs... ailes ; Louise et Marie entonnent de vieux lieds alsaciens. Il faut l'arrivée du sergent de jour pour nous faire filer à la paille.

ADIEU, L'ALSACE !

5 Avril.

Au bois, on nous annonce le départ. Un bataillon de territoriaux vient nous relever ; il faut descendre vite pour nous préparer à partir...

A Hindlingen, c'est un remue ménage extraordinaire. Les bureaux des compagnies qui arrivent s'installent...

— Il faut un lit pour le commandant X., une chambre pour le capitaine Y.

— Mais, pardon, nous ne partons que demain matin...

— Vous ne voulez pourtant pas que mon capitaine couche dehors ?...

Ce sont de nombreux dialogues qui se terminent
invariablement par :

— Je m'en f...iche, dé...brouillez-vous.

On charge les voitures du bataillon qui s'en va.
Après quatre mois, on ne peut pas s'imaginer la
quantité de matériel qu'un régiment accumule. Le
fourrier passe en courant :

— La deuxième couverture, en paquets de dix,
vite !

Les ordres sont à peine donnés que le sergent-
major rapplique :

— Les galoches et les chaussons, en sacs de
vingt paires, tout de suite !

— Mais, ai pas de sac, chef ?

— M'en fiche ; trouvez-en.

Albert, le conducteur, ne sait où caser le mon-
ceau de sacs et de caisses qui gisent à côté de
son camion. Martiat et Lapierre apportent les
cantines des officiers ; les cordonniers apportent
leur caisse d'outils ; le tailleur, sa trame ; le coif-
feur, son nécessaire. Le cycliste, les agents de
liaison, tous les gens dispensés de sacs, trimbal-
lent jusqu'à la voiture des sacs gonflés, énormes
où un ami — celui qui porte le sac — a joint
ses objets les plus pesants... Albert jure comme
un païen.

De toutes parts, les habitants nous interpellent :

— Vous partez ? Où ? Pourquoi ? Vous étiez
bien ici...

Toutes sortes de questions auxquelles il nous est bien difficile de répondre.

A l'épicerie, on ne peut plus entrer. On part : il faut faire des provisions ; les boîtes de conserves disparaissent dans les musettes. Dans toutes les maisons, les soldats boivent. Ils boivent avec le propriétaire et sa famille qui formulent toutes sortes de vœux :

— Bonne chance ! bon retour !

. . . .

. . . .

6 Avril.

Dans l'aube qui bruine, le régiment se forme. Tout le village est levé malgré l'heure matinale ; il veut souhaiter bonne chance à ses hôtes de quatre mois.

Les bidons sont remplis, on remplit les musettes ; chaque soldat emporte quelque souvenir de la libéralité d'Hindlingen. Stirnemann cause en patois alsacien avec le curé de Mulhouse, sa ville natale. Il connaît l'excellent vin blanc du pasteur. Un poilu embrasse sa propriétaire ; d'autres l'imitent. Pour ma part, c'est effrayant le nombre de gens que j'ai embrassés depuis hier soir. On s'embrasse beaucoup en Alsace.

La bruine se change en pluie fine, froide, perçante. En route ! Le régiment quitte le petit village hospitalier, entouré de sympathies, accompagné d' « Au revoir ! » de « Bonne chance ! »

qui partent du cœur. Comme je serai heureux quand ces braves gens seront redevenus Français pour toujours !

Le chemin glisse ; l'eau court partout. Nous gravissons le coteau bien morne sous la pluie. Avant d'entrer dans le bois, je me retourne pour dire adieu à la forêt où nous avons si longtemps vécu. Le brouillard l'ensevelit dans ses voiles opaques. Je ne vois que les pommiers du haut du village et l'église de Friesen avec sa tour carrée qui se découpe comme une ombre chinoise sur l'écran des brumes. Elle veille sur le repos de bien des camarades.

Nous arrivons à la frontière. Une petite borne à côté du chemin forestier, c'est la barrière qui séparait deux peuples. Ces deux peuples s'entr'égorgent aujourd'hui.............................

....

....

....

....

.... Il faut admettre, — et je l'admets facilement, non sans fierté — que quarante-quatre ans de séparation, employés par les ravisseurs à faire oublier tout ce qui rattachait à leur ancienne patrie, à dénigrer cette ancienne patrie, à la représenter au déclin de tout ce qui fait la force des nations, il faut admettre que cela n'a pu trancher d'une façon définitive les liens

mystérieux qui rattachent un individu à un peuple, surtout quand ce peuple est celui de la France,
la plus séduisante, la plus idéaliste des patries.

Haute-Alsace, je t'ai bien reconnue pour être de
la France. Hier soir, je disais « Adieu, l'Alsace ! »;
aujourd'hui, je te dis avec confiance, avec orgueil,
avec amour : « Au revoir ! ».

Dans les Vosges

Dans les Vosges

NOUS repartons pour le front, c'est certain. Cette marche ne ressemble pas à celle que nous exécutons depuis deux mois à travers les bois et les prairies, à travers les villages français de la frontière. Et je suis heureux d'échapper à cette vie de grande manœuvre pour retourner prendre place sur une partie du front.

Aujourd'hui, des mots sonnent à nos oreilles comme ceux de revanche ou de victoire : c'est l'offensive du Nord, c'est Carency, c'est Ablain St-Nazaire. Il semble que de grandes choses vont commencer. Les Italiens vont aller vite ; Vienne sera bientôt en danger ; Constantinople est

à la veille d'être prise et nous, nous partirons
bientôt de l'avant...

Ce sera dur avec toutes ces tranchées, ces
réseaux de fils de fer, ces fortins en ciment armé
et ces nouveaux engins, ces nouveaux procédés
qu'on dit terribles et que je ne connais pas encore :
torpilles, mines, gaz asphyxiants ou liquides enflammés. Ce sera dur, mais l'artillerie est une
arme puissante, mais, depuis deux mois, on nous
prépare à la guerre nouvelle, aux combats à ciel
ouvert. Adieu les tranchées ! vive le plein air !
En avant, en ligne de sections par quatre !...

Les kilomètres passent vite avec des idées semblables dans le cerveau. De nouveau, c'est la
frontière, de nouveau, nous foulons le sol de
l'Alsace. Les derniers contreforts des Vosges viennent mourir là. Devant nous, barrant l'horizon,
le Vieil-Armand fume. Un aéroplane survole la
colonne.

Nous nous arrêtons près d'un bourg encaissé
dans un vallon tout vert, à côté d'une grosse usine
qui bourdonne malgré la guerre, malgré la proximité de l'ennemi.

« En cas de bombardement, se réfugier vers... »
Je lis cet avis en français et en allemand, placardé
sur toutes les portes de granges. Les habitants,
paraît-il, se conforment docilement à cet avis qui
fait déjà sentir la poudre.

La grande rue de B. est remplie d'animation.
Un régiment de chasseurs à cheval passe au grand

trot. Il va aux tranchées comme vont les fantassins. Les beaux chasseurs, qui excitaient mon
admiration, n'ont plus de grandes lattes pour battre
le flanc des montures, et plus de lances pour
piquer dans le ciel un coquet fanion. Ils ont une
baïonnette à la ceinture, un calot enfoncé jusqu'aux yeux et une couverture en bandoulière. Ils
ont laissé leurs bottes pour des bandes de drap ;
ils ont perdu leurs éperons. Leurs chevaux les
mènent jusqu'à R. ; c'est là que les chasseurs
relevés retrouveront les montures qui leur servi-
ront à leur tour.

Un ordre arrive : nous partons demain matin à
trois heures.

                                    6 Juin.

Depuis le départ, nous grimpons. Nous sommes en plein dans les Vosges, en plein dans les
bois de sapins. Des territoriaux construisent une
route ; nous les saluons par les plaisanteries d'u-
sage auxquelles ils répondent de bonne humeur.
L'eau cascade partout ; les blancs panaches des
spirées répandent un parfum qui fait bourdonner
toutes les mouches de la forêt. Qu'il est beau, ce
matin de juin sous le bois !

Nous descendons vers Thann. Il y reste encore
des maisons. Seule la ligne d'usines, le long de
la Thür, est complètement démolie ; l'église a du
mal, mais elle est debout. Filliat est persuadé que
ce sont les obus qui ont fait le travail du clocher
ajouré. Je m'en voudrais de le dissuader.

L'église, consacrée à saint Hilaire, souffre surtout de la proximité de la voie ferrée et du tunnel.
Il ne se passe guère de jour pendant lesquels les
grosses pièces de Cernay ne lancent deux ou trois
marmites. On dit que ce sont nos canons de
Maubeuge qui servent à nous tirer dessus. Le
propriétaire d'un hangar tout à côté du tunnel
rebouche pour la quatorzième fois les trous faits
par les obus dans ses tuiles. Ce propriétaire mérite
un prix de vertu. Les habitants ne me semblent
pas affolés par le danger qui toujours les menace.
Affaire d'habitude sans doute. Pourtant, hier encore, une vieille femme a eu les deux jambes
coupées. Mais aujourd'hui, c'est dimanche ; à
l'heure de la messe, la population se précipite
dans les églises.

★
★ ★

La vallée de la Thür est riche. De grandes
usines s'étendent tout le long de la rivière. Nous
sommes sortis de la ligne de feu car, maintenant,
les maisons sont intactes. Alt Thann, Bitchwiller,
Willer, ces petites villes se touchent.

La vallée est aux mains des chasseurs. On y voit
de tous côtés les taches sombres qu'ils font en
groupes. Ils viennent se reposer là quelques jours
après les longues stations dans les tranchées des
sommets. Je suis content que l'on nous envoie
nous battre aussi dans la montagne et tous les
Bugistes du régiment doivent être de mon avis.

A Willer, grand'halte. Après, nous quittons la
route de la vallée pour prendre le chemin de la
montagne à droite, un chemin qui monte raide au
milieu des sapinières et des pâturages...

Le dôme du grand ballon, vu depuis la vallée,
semble perdu dans le ciel.

A deux heures de l'après-midi, nous arrivons
au pied du ballon. La chaleur est accablante et les
hommes sont fourbus ; il est grand temps de se
reposer. Les baraquements qui sont venus là, à
dos de mulets, pièce par pièce, sont surchauffés.
Nous n'avons plus que la ressource de nous étendre dans le grand pâturage en pente après avoir
étalé nos capotes la doublure en l'air. Bientôt
chaque vêtement s'auréole de volutes de vapeur ;
notre sueur monte au ciel.

La réaction est vite faite. Une petite brise s'est
élevée ; il fait bon. Une source glacée jaillit d'une
roche, à l'ombre d'un hêtre. Hydrothérapie sous
toutes ses formes. En deux heures, le régiment
est à moitié d'aplomb ; des groupes se forment ;
des conversations, d'abord timides, s'animent de
plus en plus. On s'oriente, on nomme les pics ;
chaque homme fait un rapprochement avec un site
qu'il connaît. Il n'y a qu'un point sur lequel tout
le monde est d'accord : c'est que ça monte tout-à-
fait trop.

Voici une distraction : Un bataillon de chasseurs
alpins va prendre la garde de l'autre côté du
ballon. Par deux, — le sentier étroit ne permet

pas davantage, — ils s'en vont, les gas de la Tarentaise, souples et agiles, et leurs cannes recourbées frappent régulièrement la rocaille du chemin. Les mulets bâtés emportent sur leur échine des tonneaux et des caisses de toutes sortes. Il semble que la bête ne peut supporter un tel fardeau ; mais, agrippée à la roche, elle monte sans un faux-pas. Le long de la route la caravane s'achemine et ce n'est bientôt plus qu'un long ruban noir qui s'amincit de plus en plus en suivant les lacets du pâturage. Parfois une pierre détachée du sentier dévale avec un grand fracas que l'écho grossit d'une façon impressionnante...

Sac au dos ! Bon ! Alors que chacun avait déjà préparé son lit dans le baraquement devenu habitable, il faut repartir. Quels grognements dans ma demi-section ! Je feins de ne rien entendre ; ça passera comme une pluie de printemps, et en route !

Direction inconnue. Est-ce une attaque que nous allons faire, est-ce simplement une relève de garde dans des tranchées que nous ignorons ? Chi lo sa. Le bataillon s'égrène dans la nuit qui tombe. Personne ne cause. Mon loquace père La Fouine est muet, et quand La Fouine est muet, ça va mal pour mes hommes.

Tout le monde est de plus en plus convaincu qu'on va attaquer et, quoi qu'on en dise, un soldat n'aime guère le combat de nuit, surtout dans un pays inconnu. Nous descendons un vallon, remon-

tons une côte ; soudain nous nous trouvons dans
un hameau détruit par l'artillerie. Rien de plus
sinistre dans cette belle et douce nuit d'été. Les
maisons ont été évacuées et c'est un silence mortel
qui plane sur ces ruines lamentables où l'on voudrait un reste de vie, fut-ce l'aboiement d'un chien.

En passant devant le cimetière, une odeur bien
caractéristique prend à la gorge. Près de deux
mille corps reposent au fond du vallon et les arrosage de phénol ne suffisent pas à dissiper les
horribles exhalaisons de ce sol bourré de cadavres... En avant !

Boum... boum... Ah ! voilà les canons qui tonnent. Depuis deux mois bientôt nous ne les avions
pas entendus de si près. Des éclairs jaillissent, là-
haut, sur ce pic ; les éclatements illuminent les
sapins du ballon. Sont-ce des Boches ou des Français qui tirent ? Je suis complètement désorienté,
et les boum boum qui roulent dans le vallon
vibrant ne servent pas à me reconnaître.

Nous montons maintenant un petit sentier raide,
coupé de temps à autre par une source, un petit
sentier pourtant bien animé où l'on croise sans
cesse des convois de ravitaillement, des chevaux
qui renâclent et des mules qui crient. Voici les
chevaux de mitrailleuses qui descendent à vide.
Dans la nuit noire, rendue plus épaisse par les
sapins des Vosges, il faut faire attention. Je colle
mon nez entre les naseaux d'une bête qui se
cabre ; un artilleur pesant me marche sur le pied.

Une révélation se fait dans mon esprit : nous allons au Vieil Armand. Le voilà bien ce sentier rapide que les chasseurs alpins ne purent escalader par les glaces de janvier pour délivrer une compagnie cernée au sommet. Et puis cette épouvantable odeur qui, avec le vent du sud-ouest, vient soulever le cœur, achève de me convaincre : nous allons au Vieil Armand. Là-haut, la fusillade ne cesse guère ; les bombes et les grenades éclatent sans interruption ; nous allons avoir à garder le sommet fameux, le sommet sanglant...

Eh bien, non. A mi-côte, nous obliquons tout à fait à gauche ; des sentiers, où les pierres roulent, livrent passage entre les sapins dont beaucoup sont brisés par les obus. De temps à autre, nous empruntons un tronçon de boyau. Les hommes soufflent, la pente est abrupte ; depuis trois heures du matin, nous sommes en route. Enfin, nous voici au sommet. Les boyaux s'animent ; une lueur filtre par les fentes d'un abri ; une sentinelle, accroupie contre un parapet, sonde le noir du bois par le trou de sa plaque de blindage. Sommes-nous arrivés ? pas encore. Nous dévalons deux cents mètres ; malgré l'obscurité, je devine une rangée de croix qu'entourent des couronnes ; nous prenons des escaliers...

Halte ! On nous entoure ; on nous cause. Voilà les chasseurs que nous devons relever ; voilà le sommet du Südelkopf. Les Allemands sont à deux cents mètres de nous. En grand silence, je fais la

relève. Pierre ici, mon vieux loup de Pernod sur
le poste d'observatoire d'où son œil de montagnard pourra dominer la tranchée ennemie. La
Fouine rôde déjà et assaille de demandes le sergent de chasseurs ; Filliat gémit ; Escoffier ne
pense qu'à manger une oreille prussienne.

Une fusée déchire l'air et me donne, en une
seconde, la vision de ce qui m'entoure : des arbres tordus et déchiquetés, un amas de piquets et
de fils de fer, des sentinelles perchées, entre des
sacs de terre, sur d'énormes échafaudages, le doigt
sur la détente.

Une balle siffle près de mon oreille et puis j'entends le murmure d'une source et je vois les
étoiles blanchir. Je me glisse dans un gourbi.
J'éprouve une telle fatigue qu'au « bonne chance ! »
de mon camarade des chasseurs et à sa poignée
de mains, je ne puis rien répondre. Je m'effondre
dans le sommeil.

Au Sudelkopf

Soleil radieux qui chauffe, chauffe lorsque, à huit heures, j'évacue mon gourbi au sommet du ballon atteint à la pointe du jour.

Les sapins donnent une ombre rare ; ils ont bien souffert, les pauvres, des nombreux bombardements qui ont ébranlé notre kopf et ses pentes. Beaucoup n'ont plus de branches et, les plus atteints, déchiquetés, tordus, squelettiques, font penser à un cimetière. Çà et là, pourtant, un bosquet groupe la verdure variée de sept ou huit sapins et hêtres, qui repose l'œil du roux des arbres morts, du gris des rocailles dénudées. Quelques petites plantes poussent auprès d'un ruisseau qui cascade : au fond du vallon, — notre compagnie étend jusque là son secteur de combat et de

surveillance, — des spirées vont fleurir leurs
panaches blancs et les fougères étalent leurs feuilles nouvelles.

Après avoir bu le café, le jus qu'on absorbe
toujours avec plaisir, on vaque à notre installation,
on prend connaissance des lieux. Notre tranchée
descend en zigzags ; tous les créneaux sont couverts ; un observatoire haut perché permet aux
sentinelles d'être « attentives de l'œil et de l'o-
reille », comme le prescrit le règlement. En avant,
c'est un fouillis de chevaux de frise et de fils de
fer, un vrai dépôt de quincaillerie. Un grillage,
semblable aux filets qui entourent un tennis, court
le long du parapet. Il nous protège contre les
grenades à main et autres ustensiles bruyants de
la guerre d'aujourd'hui. A côté de chaque créneau,
une boîte pleine de cartouches se trouve ainsi à
la portée des tireurs ; des caisses de grenades sont
abondamment réparties ; des bidons, remplis de
liquide contre les gaz asphyxiants, sont placés
dans de petites niches. Allons, notre nouveau loge-
ment a bon air ; on doit avoir du plaisir à se
battre là-dedans !

Contre l'artillerie ennemie, nous sommes mer-
veilleusement défendus. Derrière la tranchée, un
grand nombre d'abris sont creusés dans le roc que
fortifient des rondins de fayard, recouverts d'une
couche de terre, puis des rondins, puis de la terre,
puis des rondins encore : cela fait un mètre et
demi à deux mètres d'épaisseur. On a, sous cette

couverture, un peu l'impression d'être enterré
vivant. Des boyaux de communication mènent
partout. Un long couloir, parallèle à la tranchée
de combat, dessert tout un monde de gourbis, de
cuisines, de magasins. Vraiment, la maison est bien
bâtie et, pour manquer de style, elle n'en réunit
pas moins la solidité des anciens donjons et le
confort moderne.

Déjà la plupart des hommes, en bras de chemise, se prélassent sous une tonnelle faite avec des
ailes de sapin. A cinquante mètres des Boches,
cela peut paraître extraordinaire, mais les fils de
fer sont infranchissables, mais la tranchée est
redoutablement organisée, mais voilà dix mois que
nous voisinons avec le danger et l'on s'est habitué
à lui comme à autre chose.

A présent que ma visite est terminée, je me
dirige, le torse nu, vers le lavabo. Le lavabo ?
Eh oui, le confort d'un grand palace : un tronc
de petit sapin évidé, des conduits de fer-blanc, —
à quoi ne servent pas les boîtes de conserves ! —
amènent l'eau du ruisselet sur les épaules des
amateurs.

*
* *

Moyne appelle à la soupe. Le menu est plutôt
maigre : potage condensé, une boîte de singe pour
deux ; comme boisson, l'eau de la cascade. Le ravitaillement n'a pas encore pu s'organiser de façon
normale. Ce n'est qu'à dos de mulet que les pro-

visions peuvent escalader nos mille et quelques
mètres d'altitude ; dans ces conditions, il ne faut
pas se montrer difficile. Je nettoie consciencieusement ma demi-boîte de singe, je lampe un grand
quart d'eau et, muni d'une longue trique, je pars
inspecter le pays qui dépend de mon nouveau
domaine.

Je ne vais pas loin. A dix mètres de mon gourbi,
une croix et une inscription m'arrêtent : Ici reposent... tombés au champ d'honneur le 18 février.
La tombe a déjà l'air abandonnée ; j'arrache un
petit sapin et deux belles fougères, je bâtis avec
des branches une barrière rustique, j'arrose mes
plantations. Mes chers amis, dormez contents ; vos
camarades pensent à vous et sont tous prêts à
vous venger.

Le fond du vallon est délicieux : une oasis en
plein désert. Les arbres ont été épargnés et, sous
leur ombre, tout est vert, tout est frais, tout est
vivace. De larges plantes baignent leurs racines
dans le ruisselet qui, là, s'étend, voulant jouer au
cours d'eau d'importance ; les fougères étalent
leurs dentelures et les scolopendres leurs feuilles
vernies ; la mousse couvre les pierres grises. Le
joli paradis ! Et voilà qu'un pinson, après mille
petites manières, vient s'ébrouer dans l'eau, aussi
insoucieux des terribles machines à tuer des hommes que de l'épervier ou de l'orage ; il jouit
complètement de la minute présente... et moi, je
fais comme lui.

A l'assaut de l'autre versant. Ça monte ! ça monte ! La rocaille roule sous mes pieds, la verdure disparaît, les arbres redeviennent des squelettes : je suis de nouveau dans la zone du feu.

Voilà un tronçon de tranchée d'une ancienne ligne que nous avons dépassée ; voilà son abri à moitié éboulé... Deux ou trois képis de chasseurs, une peau de mouton, un cache-nez rongé par la vermine me disent bien des choses, me font évoquer l'assaut heureux et sanglant, car voilà les tombes... Ils sont dix, douze chasseurs alignés dans la mort comme ils l'étaient dans le rang ; pour chacun une croix où le nom du mort est tracé avec un clou, et je lis autant que je devine : adjudant A., sergent B., soldat C.. Ils dorment dans un sol tourmenté ; tout près d'eux une marmite a creusé un énorme trou qui semble une fosse ouverte ; à côté d'une souche de fayard, la rouille ronge une grenade non éclatée.

J'atteins le sommet. A mes pieds, le vallon riant s'épanouit, puis c'est la plaine avec tous les villages qui sont à nous et tous ceux qui vont bientôt l'être. Les Allemands doivent bombarder le B., car ses pentes sont couvertes de vapeurs noires. A 1500 mètres de moi, un pic se dresse horrible, épouvantable : l'héroïque Vieil Armand. Une tristesse indicible étreint à la vue de ce kopf. Les arbres n'existent plus. Chez nous, on voit encore des troncs, un rameau épargné ; là-bas, il ne reste rien, rien. La terre est remuée, bouleversée par les obus tombés pendant quatre mois, à raison de plus de six mille certains jours. Les tranchées font une ligne sombre tout autour du plateau.

Sous le soleil ardent de midi, le Vieil Armand semble se tordre dans une affreuse convulsion. On dirait un volcan encore en activité, un volcan dont la lave aurait, les jours précédents, tout anéanti sur son passage.

*
* *

Le dix juin. Dix heures du soir.

Clac ! Un coup de lebel déchire le bois. Clac ! clac ! et c'est une pétarade ininterrompue. Nous bondissons hors des gourbis ; nous sommes dans la tranchée.

Pi-ou, pi-ou, les balles sifflent. En face, la tranchée boche s'est allumée comme une rampe de théâtre. Nos sentinelles tirent sans arrêt. Voilà le feu d'artifice ; les fusées pleuvent ; on y voit comme en plein jour. Brou-ou-ou boum ! c'est une nouvelle chanson : les minenwerfern nous arrosent ; les grosses bombes, en passant, chauffent la figure puis détonnent avec un bruit de tonnerre.

Pattingre reçoit un éclat sur l'estomac : il rend son souper ; Pernod hérite de deux petits morceaux de fonte dans un doigt, et il hurle : « Ah ! les cochons ! » Le voilà sur la tranchée qui passe sa colère en tirant, comme un diable, les cartouches de son magasin.

Après beaucoup de commandements, le feu

cesse. On explique l'affaire. Des sentinelles allemandes ont tiré ; les nôtres ont répondu et le
déclanchement s'est produit. En dix minutes, la
demi-section a brûlé plus de mille cartouches. Le
lieutenant fait recoucher tout le monde.

Dans la nuit redevenue tranquille, un fourneau
de mine ébranle le Vieil Armand.

★★

C'est le pinson de la source qui m'éveille.
Bichat, à côté de moi, ronfle à gorge déployée ;
Morestel soupire ; Chêne, couché sur le dos, dort
la bouche ouverte. Il est à peine trois heures,
mais le pinson chante si bien, mais Bichat ronfle
si fort que je quitte le gourbi où nous avons
passé la nuit.

Par extraordinaire, les Boches ne tirent pas et
nos sentinelles, accroupies contre le parapet, somnolent. Ce matin est radieux. Mon pinson profite
du silence pour essayer ses plus beaux airs, la
source glougloute sur les rocailles grises et les
feuilles des hêtres, caressées par la brise, bruis-
sent très doucement.

Je n'ose pas marcher et je respire à peine, car
j'ai peur de troubler la minute divine où la guerre
semble être le rêve, tandis que ce chant d'oiseau,
ces vapeurs bleues, cette fraîcheur, cette quiétude
qui montent de la plaine, sont la réalité.

★★

Le père La Fouine a découvert quelque chose.

Du haut de sa plateforme, il me fait de grands
gestes. Suivi de mon caporal Schebath, l'Alsacien,
j'accours. A vingt-cinq mètres, derrière un petit
bouquet de sapins, trois Allemands travaillent.
Deux d'entre eux, en bras de chemise, la tête nue,
ramassent avec leurs pelles de la terre qu'ils jettent du côté des sapins.

— Il est aussi chauve que moi, murmure La
Fouine, montrant le plus gros des deux hommes
dont le crâne dénudé pourrait servir de miroir à
alouettes.

Le troisième Boche, un caporal certainement,
son calot, vert jadis maintenant jaune-pisseux, enfoncé jusqu'aux oreilles, donne, à voix basse, des
ordres que je ne puis comprendre. Je glisse mon
fusil dans le créneau ; pas moyen de viser, la direction du créneau ne permettant pas de prendre
la ligne de mire. Schebath, l'Alsacien, monte à
son tour sur l'observatoire pendant que je cherche une autre meurtrière. J'ai trouvé. L'homme
au béret s'est avancé, plus à gauche, devant le
bouquet de sapins...

Clac ! Le caporal s'est écroulé et les deux autres
boches ont fui.

— Il y a, dit Schebath d'une voix changée, en
abaissant son lebel dont le canon crache encore
un peu de fumée.

— *Am helf ! am helf !* (au secours !) C'est
l'homme qui crie, l'homme blessé mortellement,
l'homme que je regarde, non sans me faire vio-

lence, soulevé sur ses coudes, le visage blême, déjà vieux, la barbe presque blanche. Il essaie de se tourner en arrière pour appeler les deux camarades qui l'ont abandonné.

Alors, alors, probablement parce qu'il se voit délaissé, il a un autre cri, et combien plus déchirant !

— *Müetter ! Müetter !* (maman !) J'entends l'appel, prononcé à l'alsacienne, sur un ton qui implore, qui supplie, qui fait mal.

— Müetter, maman ! réclame cet homme déjà mûr et qui va mourir, mourir en oubliant femme, enfants, amis, pour ne penser qu'à sa mère.

— Müetter, maman ! Si elle était là, n'est-ce pas ...., elle te consolerait et bercerait ta souffrance.

— Müetter, maman ! tu ne sens donc pas que ton petit agonise, que le cœur que tu lui as donné va cesser de battre ; tu n'entends donc pas qu'il t'appelle, ô müetter, ô maman !...

Ah ! comme je voudrais porter secours à ce moribond. Mais ce n'est pas possible. Les Allemands nous fusilleraient à bout portant et, d'ailleurs, on ne peut traverser l'inextricable réseau de nos fils de fer.

— Müetter, maman ! La voix de l'Allemand devient caressante. Il meurt ; il rêve... Elle a dû répondre aux cris de son enfant la mère qui l'a bien aimé, aux cris de son enfant qui meurt dans un bois, tout seul, une balle dans le ventre...

— *Müetter* ! *Müetter* !... C'est fini. L'homme
est retombé. Le silence...

Je regarde Schebath, l'Alsacien. Il est tout pâle :

. . . .
. . . .
. . . .
. . . .
. . . .

*_**

Un voisin du Vieil Armand, un chasseur alpin,
est venu nous rendre visite. C'est un beau gas de
la vallée de Chamonix, solide et râblé. Son béret
un peu crasseux tombe de côté sur sa tête brunie :
on a du chic quand on est chasseur alpin.

On l'entoure ; on lui fait fête. Les soldats sont
comme les enfants, un rien les attire, un rien les
amuse, et les questions tombent drues comme
grêle sur le Chamoniard qui, avec la meilleure
grâce du monde, nous donne des nouvelles de ce
qu'on fait chez lui.

Il est du grand bataillon de chasseurs, de celui
qui fait tout de suite penser au Vieil Armand aussi
bien que le Vieil Armand rappelle inévitablement
l'héroïque phalange. C'est une de ses compagnies
qui fut prise, en janvier, au sommet, malgré une
sublime résistance, malgré les efforts désespérés
du bataillon pour délivrer les camarades. Depuis,
ils y tiennent à ce Vieil Armand qui coûta tant du
beau sang de France ; ils y tiennent, les *schwarze*

Teuffeln (les diables noirs), comme les appellent
les Boches, et si, à la fin d'avril, ceux-ci ont
réussi à le reprendre, ça n'a été que pour quelques heures. Sans un coup de fusil, à la four-
chette, les alpins ont regagné presque tout le terrain perdu ; ils s'y sont installés et ils y sont
encore.

Il y fait un peu chaud, paraît-il, à midi, quand
le soleil tape sur les taupinières que n'abrite aucun
arbre ; les marmites y sont bien gênantes ; il y a
bien aussi une odeur qui fait tiquer les moins
douillets et puis de vilaines mouches bleuâtres qui
bourdonnent et qui piquent mauvaisement. Des
camarades sont déjà descendus sur une civière,
enflés, noirs ; il faut faire attention.

Mais le Vieil Armand vaut bien tous ces ennuis ;
la vue y est si belle et l'on y embête tellement
les Boches tant que le jour et la nuit sont longs !
Pour cela, dix chasseurs suffisent : un feu de
salve, des cris terrifiants, une sonnerie de clairon
et voilà les Allemands qui, prenant tout au sérieux,
répondent par une pluie de balles, de grenades et
de bombes. C'est amusant comme tout, aussi
recommence-t-on trois ou quatre fois par jour, et
ça réussit encore.

— Qu'est-ce qu'ils vont prendre pour leur grade
quand on ira pour de bon ! ajoute l'alpin râblé
en faisant mine de piquer un ennemi avec sa
redoutable baïonnette.

Le ...ᵐᵉ bataillon de chasseurs a d'autres distrac-

tions : Pour faire peur à ses voisins de gauche,
de braves territoriaux, ses clairons sonnent parfois la charge, mais la charge prussienne. Chez
nous, la blague n'a pris qu'une fois.

— On s'amuse comme on peut, conclut senten-
cieusement le Chamoniard qui s'en va, de son pas
lent et souple, en frappant régulièrement les
pierres du sentier avec son long bâton d'alpin.

★★

J'ai joui d'un beau spectacle qui compense bien
des heures monotones de la tranchée : un fier
avion allemand a été descendu aujourd'hui par un
avion français. L'attaque a été rapide. L'outil
boche survolait nos positions depuis une demi-
heure lorsqu'un Morane apparut, venant à toute
allure. Les mitrailleuses ont dévidé leurs bandes
ou plutôt déroulé leurs tambours et, tout-à-coup,
le taube, à 3000 mètres, a culbuté comme une
perdrix pelotée en plein vol.

A pleines mains nous avons applaudi Gilbert,
l'aviateur français, l'auteur de cet exploit ; nous
l'avons furieusement applaudi, comme s'il avait
pu nous entendre...

★★

— Sergent, vous irez reconnaître la tranchée de
la cote ... que nous devons occuper demain, m'a
dit mon lieutenant. J'ai pris ma grande trique de
montagne et, avec mon caporal, je suis parti à la

découverte de notre future taupinière en longeant
la ligne de nos tranchées.

C'est tout le long le même système de défense :
boyaux, fortins, fils de fer. Cela n'éveille plus
aucun intérêt pour nous. Voici la 21ᵉ, la 23ᵉ compagnie : — Bonjour. Quoi de nouveau à la 24ᵉ ?
nous demande-t-on civilement. — Pas grand'
chose ; les Boches nous f... la paix. — Chez nous
ils ont amoché trois poilus avec leur crapouillot
du fortin, là, en face. — Ah !... Bonsoir et bonne
chance.

Après une heure de promenade en suivant les
tranchées, nous quittons le bois. Nous voici en
plein pâturage sur le kopf n° 3. A trente mètres
en avant des arbres une tranchée bouleversée dessine une ligne sombre faite de rocailles, de tron-
çons d'arbres émiettés et de débris de toutes sortes.
C'est l'ancienne tranchée allemande que nos canons et nos mortiers ont complètement détruite, il
y a quatre mois, lors de la prise de cette position
par des chasseurs alpins.

— Toute cette tranchée est bourrée de boches
que le bombardement a ensevelis, me raconte le
chasseur en sentinelle au bout de la tranchée. On
ne peut pas s'y loger ; les cochons nous tirent aussitôt dessus. — Les cochons, inutile de le dire, ce
sont les Allemands.

Mélancoliquement, je regarde cette tranchée devenue une tombe. Au-dessus du sol ravagé, une
main crispée surgit, une main terrible dont les

chairs coulent et qui, après quatre mois, semble
appeler encore du secours...

— Ça fouette, hein ? me souffle Schebath, mon
caporal.

Ça fouette, c'est certain. L'odeur caractéristique
qui se dégage de ce charnier justifie l'expression
imagée employée par mon compagnon de route...

Un boyau qui zigzague dans un pâturage labouré par les obus, nous conduit dans la tranchée.
Il faut se baisser pour échapper à la vigilance
d'un observatoire ennemi haut perché, à gauche du
ballon ; il faut aussi se désarticuler pour traverser
maints passages étroits taillés dans la roche vive.
Après deux cents mètres de marche sous terre,
nous sommes à la cote ..., dans la tranchée que
nous occuperons demain.

— Evidemment, nous aurons du boulot à la première section.

C'est Schebath qui parle, et je constate, avec
lui, que nous aurons un boulot sérieux.

Les parapets sont trop bas, les boyaux trop
étroits, les abris tous à construire. Il y aura aussi
un nettoyage important à faire. Depuis trois mois
des hommes ont vécu là, terrés, dormant et mangeant, toujours invisibles, ravitaillés seulement de
nuit car, au moindre képi qui dépasse, à la plus
petite imprudence, les Boches vous ramènent à la
situation par des coups de fusil et l'envoi de deux
ou trois marmites.

— Charmante existence, bougonne mon caporal,
et merci pour la langouste.

⁎

Au bout de la tranchée, une plaque de blindage allemande permet, à travers son volet mi-clos, de surveiller les mouvements de l'ennemi.

Je me collai contre elle et voilà ce que je vis :

Aux pieds de notre pic, c'est l'Alsace, c'est la plaine à perte de vue, verte et luxuriante, avec ses villages aux maisons groupées, comme les pions d'un damier, autour du clocher qui s'élance.

A gauche, Guebviller se tasse au pied des derniers contreforts des Vosges ; à droite, c'est Mulhouse qui fume, c'est la grande ville industrielle plus française qu'allemande où, par deux fois, mon régiment a été acclamé. Derrière elle, les vertes frondaisons de la Hardt, — la forêt électrique, disent nos soldats à cause des moyens de défense qu'y ont installés les Allemands, — moutonnent très loin, et puis, au bout de l'horizon, un ruban d'argent serpente : le Rhin !

A cette vue, une émotion religieuse, indicible, s'empare de moi. Le voilà donc le fleuve qui, depuis quarante-cinq ans, n'est plus notre frontière ! Et tout ce que mon regard embrasse : plaines fertiles, villes ouvrières, villages florissants, forêts et fleuve, ils nous ont donc volé tout ça !

Oui, ils nous l'ont volé ! Les jeunes ne le savaient plus, les vieux ne le disaient plus avec assez de haine ; mais je l'ai revu notre bien, notre province, la terre de notre terre, et je hais à pré-

sent les voleurs teutons comme ont pu les haïr
ceux qui, au jour affreux de la défaite, durent
s'exiler d'Alsace ou se courber sous le joug d'un
conquérant odieux !

Devant le fascinant paysage, j'ai rêvé en perdant
la notion de l'heure, en oubliant tous les obstacles
qui se dressent encore devant la réalisation.

Après avoir dévalé mon kopf, j'ai franchi la
plaine en musant dans ses villages joyeux, j'ai
paradé tant soit peu dans Mulhouse, goûté l'ombre
de la Hardt aux arbres centenaires, puis remonté
lentement le long de ses berges le fleuve, à la
recherche de ses contes anciens.

Erckmann et Chatrian, voici Vieux-Brisach !
Dans les ruines de son burg démantelé, vais-je
trouver les trésors du vieux duc, sa grande coupe
en or et sa couronne à six branches ?... Voici la
petite bourgade où l'*Illustre docteur Mathéus* mé-
ditait, — déjà ! — de propager dans l'univers une
doctrine philanthro-boche. Voici encore le village
où soupiraient les *Amoureux de Catherine*.

Mon rêve m'emporte avec les eaux du Rhin.
Voilà Bergzabern aux coteaux fameux, voilà l'illustre auberge du *Jambon de Mayence*. Fridoline,
blonde et charmante, m'apporte un moss de bière
dorée et le capucin Johannes vient s'asseoir à mes
côtés pour célébrer les vertus du Rixheim et du
Joannisberg, tandis que maître Sébaldus loue le
Dieu Soleil...

Je suis chez moi près d'eux ; là, c'est encore

ma patrie. Le grand fleuve glisse, barrière d'argent, séparant pour toujours ma France familière et jolie de la Germanie formidablement organisée, domestiquée, asservie par un joug qu'ils appellent la koultour.

De ce côté du fleuve des carillons s'envolent des clochers élancés ; ils chantent l'amour de la paix ; tout sourit, on songe aux moissons, au noble travail, à la famille et, sur l'autre rive, c'est le martellement des enclumes, le bourdonnement des forges à canons, les usines à gaz asphyxiants, les obscurs laboratoires de chimie où l'on cherche à tirer de l'huile des noyaux de cerises et du pain de la sciure de bois pour nourrir un peuple aveuglé par l'orgueil le plus incroyable.

Grand fleuve, tu vas connaître l'heure de la Revanche : tes eaux délasseront nos pieds meurtris de soldats vainqueurs et notre histoire s'ajoutera à tes légendes. Nous tiendrons, de nouveau, dans nos verres les Rixheim qui réchauffent, les Joannisberg qui pétillent, et nous tiendrons dans nos bras, pour une valse éperdue, les blondes filles de l'Alsace, les filles dont les mères furent arrachées, autrefois, des bras de leurs fiancés et de leurs époux, par une bande de reîtres.

... Une larme a voilé mes yeux. C'est trop beau, trop grisant, trop sublime ce que m'a fait entrevoir un rêve parti de la tranchée infecte d'où l'on aperçoit le Rhin.

Oh ! tous nos morts partis avant la réalisation.

de la grande œuvre, avant l'accomplissement de
la tâche, que je les regrette, que je les pleure !

Et voici que le crépuscule tombe, que, au-delà
du Rhin brillant comme une épée, les montagnes
de Bade se dorent... A côté de moi, Schebath,
l'Alsacien, pleure. Sans un mot, ayant communié
à la même source d'émotion sacrée, nous nous
embrassons follement.

Pendant le jour, rien ne bouge. Le silence est
plus pesant après quelques rafales d'obus qui n'é-
veillent pas les hommes endormis au fond de la
tranchée. Seule, une sentinelle, à l'affût sur un
amas de sacs de terre, contemple le pâturage
labouré par les marmites et la plaine d'Alsace qui
étincelle sous le soleil de juin.

Tard dans l'après-midi, la tranchée s'anime.
Accroupi sur un sac, un poilu écrit ; un autre
étend, avec lenteur, le fond d'un pot de confiture
sur un morceau de pain... Polyte, notre voisin
d'en face, s'est réveillé aussi. Toutes les deux ou
trois minutes, il vide un chargeur sur nos créneaux. Floc !... Floc !... Qu'il y a donc des voisins incommodes !...

Les rocs, surmontant le piton aux flancs duquel
s'accroche notre tranchée s'embrasent au cou-
chant et puis tout s'éteint dans un rapide crépuscule. Le vallon est déjà noir. Narcisse établit le
service de nuit dont il affiche le tableau que les
poilus consultent.

— Pourquoi est-ce que je prends six heures dans la nuit ?

— Pourquoi est-ce que je vais deux fois à la roche ?

On modifie. Le tableau satisfait enfin tout le monde.

Point de lune ce soir. Nous en profiterons pour renforcer le réseau de fils de fer à gauche. Les sentinelles sont doublées. Encore quelques minutes. Il faut relever les postes d'écoute en avant de la tranchée, et c'est délicat parce qu'il n'y a pas de boyau pour y aller, parce que, dans ce pâturage bien en vue, les artilleurs allemands démolissent tous nos travaux. Aussi ne fait-on que la nuit la relève des quatre hommes et du caporal de chaque poste qui restent vingt-quatre heures dans leur trou. La petite troupe s'éloigne, glissant sans bruit parmi les rocs et les trous de marmites. Ceux qu'ils vont remplacer les attendent plus impatiemment à mesure que s'avance l'heure.

— Rien à signaler ?

— Non.

— Allons, au revoir.

— Au revoir, bonne chance.

Dans la tranchée, tout le monde est au travail. Il faut élever le parapet, creuser l'abri de bombardement, déblayer le boyau que, chaque jour, l'artillerie ennemie obstrue. Voici du renfort ; un peloton qui débouche avec des piquets et des rouleaux de fils de fer. Je sors avec l'équipe qui

plante les pieux. C'est le bon moment de la journée, puisqu'on peut appeler journée la nuit du
soldat. On remue, on respire, on travaille, mais
on fait tout cela comme des fantômes, sans bruit.
Avec un sac mouillé, on amortit les coups ; d'ailleurs on ne tape pas fort. De temps à autre, une
fusée déchire le ciel et les sapins surgissent noirs
et déchiquetés, et le pâturage semble être une
vision lunaire avec les grands trous d'obus qui le
ravagent. Alors, quelle que soit sa position, il faut
s'immobiliser. On s'habitue très bien à cela et l'on
recommence à taper jusqu'à la fusée suivante.

Pour les obus qu'on vous envoie trois ou quatre
fois dans la nuit il n'y a qu'à s'aplatir. En faisant
cet exercice, je déchire le fond de ma culotte sur
un fil de fer barbelé.

La soupe arrive. La soupe est une façon de
parler, puisque tous les repas à la cote ... consis-
tent généralement en boîtes de conserve et en
nombreux bidons de café. Aujourd'hui, il y a une
salade de pommes de terre et Monod nous apporte
un seau de cerises qu'il a ramassées dans un
verger abandonné. On fête notre bon ravitailleur
en goûtant aux fruits qui, malheureusement, se
sont remplis de terre pendant la course à travers
le boyau. Les boules de pain sont enfilées le long
d'un gros fil de fer qu'on lie sur l'épaule. La
corvée se débarrasse rapidement de nos vivres
pour demain. Elle a apporté un petit paquet dont
la vue fait frémir d'impatience : c'est le paquet

des lettres. Il faut attendre jusqu'au jour, non seulement pour lire celles qui vous sont destinées, mais pour savoir si, dans le paquet, il y en a pour soi.

— Tu en as tout un ballot, me souffle Etienne, qui me remet le précieux dépôt.

Que la nuit est longue à finir !...

Narcisse part en patrouille. Si, devant nous, la ligne allemande est toute proche — quinze mètres en certains points — derrière nous nous ne savons pas exactement où est la première ligne ennemie. Les patrouilles descendent jusqu'au fond du vallon vers les fermes incendiées. Il faut toute une nuit de juin pour faire cette promenade où l'on reçoit toujours quelques coups de fusil.

Un projecteur fouille le vallon. Devant nous, soudaine, la fusillade éclate. Attaque ou alerte ?... On attend...

Allo ! Allo ! Le téléphoniste appelle :

— Attention ! Redoublez de vigilance ; les Boches ont attaqué le fortin des chasseurs.

— Ont-ils fait du mal ?

— Rien. Un mort, deux ou trois blessés.

La recommandation d'être attentifs est inutile. Nous sommes tous debout et bien éveillés.

Lorsque les étoiles commencent à blanchir, les travailleurs de renfort s'en vont, jusqu'à la nuit prochaine, par le boyau réparé. On boit un quart de jus froid mais bien sucré. Le fourrier soigne la section de la cote...

Les sapins se détaillent peu à peu dans l'aube. Un pinson se met à chanter. Je distribue les lettres et je m'étends sur ma couverture, au fond de la tranchée, pour respirer l'air du pays.

Allo ! Allo ! Le téléphoniste appelle. Je réponds : « Rien à signaler ».

30 Juin.

Un obus a éclaté sur la cuisine du capitaine. Lapierre a été tué et les deux ordonnances grièvement blessés. Le sort des cuisiniers est dur dans les Vosges. Presque tous les jours quelques-uns sont amochés.

6 Juillet.

Quatre heures de l'après-midi. Polyte a commencé sa chanson quotidienne. Floc !... Floc !... On n'y prête plus d'attention. Mais une détonation terrible, formidable, ébranle nos abris, pendant que des rochers et des débris de toutes sortes retombent autour de nous. Tout le monde court aux créneaux... Un dépôt de munitions qui saute ? Un fourneau de mine qui éclate ?... Devant nous, à deux cents mètres, vers le fortin des chasseurs, une épaisse fumée noire monte....

Deuxième détonation. Deuxième secousse. Des sapins entiers voltigent dans les airs. Nous sommes balancés comme des feuilles. Il semble que nos abris vont s'écrouler. Une pluie de pierres nous arrose... J'entends crier Delomme :

— Des torpilles ! Des torpilles !

De gros cigares roux se balladent, en effet,
dans les airs et de nouvelles détonations font trembler toute la montagne. Pour compléter la fête,
l'artillerie se met de la partie. Ah ! braves gens !
toute la ligne de tranchée est prise sous la cata-
racte de feu. Des obus viennent de partout ; impossible de trouver un coin pour se mettre à l'abri
des coups d'enfilade... Après chaque rafale, je
glisse un regard par un trou de la plaque de
blindage. Le bois d'en face est horrible à voir ;
des choses infernales le détruisent, le déchiquè-
tent, l'anéantissent. Une âcre odeur saisit à la
gorge... Les mitrailleuses tambourinent sans relâche, les bombes éclatent, les pétards déchirent les
autres bruits. Et des cris, des hurlements plutôt
jaillissent. Sûr qu'ils attaquent !...

J'ai couvert ma tête d'un bol d'acier et de tous
mes yeux je regarde : Notre parapet crépite et
fume sous les balles, mais cela n'est pas inquiétant
comme ces obus qui ronflent, qui sifflent, qui
explosent avec fracas... Une forte secousse contre
les sacs de terre qui soutiennent mon créneau.
C'est un 210 qui se pose contre eux et qui n'é-
clate pas ! Je contemple le gros engin tricolore.
Pourvu qu'un autre obus ne tombe pas à côté...
pourvu que... pourvu que... Je vois nettement
l'effet qu'il produirait le 210 collé contre mon
parapet ; la tranchée coupée en deux et moi... J'ai
l'esprit lucide et passionnément intéressé.

Pourtant, les tempes font mal à crier dans cette

atmosphère en furie. Je ne puis plus maîtriser mes
nerfs. Ce ne sont pas les coups qui nous viennent
d'en face qui me semblent impossible à supporter,
mais ceux d'une batterie boche qui nous tire au
derrière. Les marmites, par bonheur, s'arrêtent
sur le piton, où passent et vont éclater devant
nous. Les deux poings sur mes oreilles, je me suis
figé au créneau et je trouve un puissant **dérivatif**
à regarder Pernod qui se promène dans la tranchée en fumant sa grosse pipe. Les shrapnells
volent autour de lui. Impassible, l'homme de la
montagne juge les coups :

— Trop haut, trop long, trop court...

Les torpilles finissent enfin leurs effarantes
prouesses ; le bombardement diminue; on respire
plus large....

— Allo ! Allo ! Les Boches ont pris la tranchée
de la sape.

— Ah !

— Nous allons contre-attaquer. Veillez bien sur
la gauche.

— Bien.

. . . .

Une demi-heure après.

— Allo ! Allo ! Nous avons réoccupé la tranchée, mais elle n'existe plus. Les torpilles l'ont
ravagée. C'est effrayant.

— Nous avons beaucoup de pertes ?

— On ne sait pas encore. La section du lieutenant M., qui l'occupait est complètement détruite...

7 Juillet.

Les brancardiers déblaient la tranchée de la sape. C'était une petite tranchée en avant de notre fortin. De là, la 23ᵉ compagnie creusait une sape pour faire sauter le fortin ennemi. Les Prussiens ont pris les devants.

On déterre quelques morts. Dans la sape, deux hommes sont étroitement enlacés. Leurs corps ne forment qu'une plaie ; ils ont été pilés par les baïonnettes, et leurs yeux sortis de l'orbite témoignent d'atroces souffrances. Par les longs boyaux, les brancards passent, et des gouttes de sang jalonnent sinistrement leur route.

8 Juillet.

Communiqué officiel du 7 juillet : Nuit calme dans les Vosges. Les trois rescapés de la section du lieutenant M... doivent trouver qu'on exagère...

13 Juillet.

On a tout préparé pour demain, pour la fête nationale. Dans notre tranchée, balayée avec des ailes de sapin, des inscriptions en mousse verte ornent les pièces de bois qui soutiennent nos terrassements. On a mis des « Mort aux Boches », des « Vive la France », qui sont plaisants au regard. Cela sent bon la verdure, cela sent la distribution des prix des autrefois, quand j'étais un gosse, et que, sous le préau surchauffé, les dames et les guirlandes exhalaient de suaves odeurs, tandis que le discoureur allait, allait toujours son train, sans se soucier du temps qu'il chipait à nos vacances.

En fait de distribution, que nous réservent les Boches pour demain ? Salves d'artillerie, airs de canon, musique d'orchestre, bal, chahut et feux d'artifice, voilà le programme que nous pourrons leur offrir, s'ils en témoignent l'envie.

En tout cas, ils ne pourront nous empêcher de crier : Vive la France ! de toute notre âme, comme jamais on ne l'a encore crié pour un 14 juillet.

14 Juillet.

Pierre a poussé son cri de ralliement : « Au jus ! V'là les Boches ! » Il faut se lever. Brrrou... Une impression pénible saisit devant un brouillard à couper au couteau qui pisse à travers les branches des arbres que les obus ont épargnés.

Le jus dissipe le malaise d'un frileux réveil. O jus ! nectar, philtre, boisson bienfaisante, qui chantera tes louanges lorsque, après avoir réchauffé les doigts engourdis autour du quart où tu fumes, tu réjouis le corps du poilu grelottant !

Ça va mieux ; ça va même très bien, puisqu'on se rappelle tout à coup que l'on est au 14 juillet en constatant que Pierre, au petit jour, a orné notre gourbi d'ailes de sapin toutes fraîches qui font très bel effet.

Pierre est content. Il le témoigne en poussant
de nouveau son cri de guerre : « Au jus ! V'là les
Boches ! » Quel réveil grognon ne se dériderait
à sa voix ? Pierre, — ainsi dénommé parce qu'il
s'appelle François, — est un type. Au lieu de
képi, il porte une espèce de passe-montagne velu
qui lui donne un air farouche de cosaque. Il n'a
qu'un désir, qu'une envie : aller à la baïonnette.
Lorsque ça barde, — pour les civils : lorsque les
shrapnells ronronnent comme les mouches à
viande, lorsque les balles font pi-ou, pi-ou tout
autour de vous, — Pierre rit d'un petit rire qui
découvre ses dents pointues, d'un petit rire qui
fait frissonner le bressan Filliat dont les transes
augmentent à mesure que la satisfaction de Pierre
grandit.

— Au jus ! V'là les Boches ! Et c'est Delomme,
celui qui sait tout, qui voit tout, qui répond à
l'appel. Delomme, le père La Fouine, rentre tout
mouillé, enveloppé dans sa tente-manteau qui le
fait ressembler à notre infirmier-capucin, le Père
Alexandre. L'universel Delomme vient de rôder
derrière les tranchées boches. Il rapporte un vieux
grolon, une longue fusée en aluminium, — de quoi
faire dix bagues, — et une paire de raquettes à
neige, — un cadeau pour moi. Ses poches débor-
dent de boutons, de shrapnells, de débris de toutes
sortes. Le père La Fouine a l'âme d'un chiffonnier.

Aujourd'hui, Pernod a la flemme et boit son jus
couché. Ah ! s'il y avait un banquet de pompiers

au Südelkopf, s'il lui fallait se donner de l'exercice pour avoir faim à l'heure du repas, il serait le premier debout. Il préfère songer au quatorze juillet de Brénod, où l'on mange si bien, où l'on boit tant.

Bichat ronfle malgré le bruit qu'on fait autour de lui. Il doit faire partie du premier départ de permissionnaires et, sans doute, ses rêves devançant la réalité, l'ont-ils conduit à sa vigne de Gravelle dont sa pioche a tant de fois retourné le sol.

Morestel a perdu son couteau et le cherche ; Moyne trempe de larges tranches de pain dans son quart ; un nouvel arrivé, qui a des moustaches longues de trente centimètres, se gratte le dos :

— Eh ! eh ! il y a des petites bêtes...

L'escouade rit de bon cœur. En voilà une affaire ! Il est vrai que la première fois qu'on reçoit la visite de ces bestioles-là, ça vous fait une impression bizarre, mais à présent ! Les poux et autre vermine allemande, — car ce sont les Boches qui vous laissent ça, en souvenir, quand on 'es déloge de leurs tranchées, — sont à peine désagréables ; on pourrait même, à tout prendre, les considérer comme la distraction des tranchées.

Le brouillard pleure toujours au-dessus de nos têtes, aussi la canonnade quotidienne ne commence-t-elle point. Ce n'est pas ce que nous avions prévu. Les Allemands ne feront pas la réponse au 27 janvier, à la fête de Guillaume. C'est le

calme plat. Pauvre Pierre, tu ne sortiras pas encore ta baïonnette aujourd'hui !

Heureusement, — et quoiqu'il ne rappelle en
rien celui des pompiers de Brénod, — nous avons
un menu amélioré, augmenté par du jambon, des
confitures, un cigare.

Oh ! ce cigare, comme on l'attend. Même les
non-fumeurs se donneront la nausée pour se pro-
mener dans les boyaux, un jour de fête, avec un
cigare de deux sous à la bouche. C'est le suprême
chic du poilu... Pattingre se donne des airs de
bourgeois avec son ventre bedonnant qui lui in-
terdit de se croiser avec un camarade dans la
tranchée ; le père Janvier fume à petits coups
réguliers ; la puissante poitrine de Pernod tire d'un
cigare des volutes épaisses qu'on pourrait croire
sortant d'une locomotive.

L'après-midi se passe en douceur. Pas de travail, puisque c'est jour férié. On chante pendant
que les limes grincent sur les bagues en aluminium.
De temps en temps un obus éclate, mais c'est
rare. Le nouveau venu s'est mis en chemise pour
chercher ses petites bêtes. Des parties de cartes
s'engagent. Je gagne, à Bayzelon qui somnole,
quarante-trois sous, après d'interminables parties
de bridge.

*
* *

La soupe réunit les sous-off dans leur gourbi.
C'est intime, très chaud et très sympathique.

Monod, le cabot-patate qu'on ne voit plus parce
qu'il préfère la vallée au ballon, — il parle si
bien l'allemand et rend des services aux copains,—
nous a fait parvenir une bouteille de mousseux.
Elle est exquise bue si haut, bue si loin de son
lieu d'origine. On trinque bien sincèrement ; on
allume les pipes ; c'est l'heure des causeries ; en
avant les vieux souvenirs !

Le 14 juillet de l'an dernier. Chez moi, on a
fait ceci ; chez moi, on a fait cela. L'un parle de
sa femme ; des fiancés soupirent aux noms de
leur promise. Dignes et fiers, Bayzelon et moi
parlons de chasse et essayons de prouver aux
autres que le célibat est une belle position après
une longue campagne.

On se croirait dans quelque village endormi,
dans quelque salle à manger rustique loin des
tranchées, loin de la guerre...

Mais zou ! c'est l'heure de la relève. On n'a
pas prononcé bien souvent, en ce jour de fête
française, le mot de France, mais on a bien nommé fréquemment son petit pays, sa famille, on a
remué tout ce qui charme le cœur, et nos idées,
nos espoirs et notre sobre gaieté sont bien de
culture française.

Chez nous, ce n'est pas avec des mots ronflants,
des phrases grandiloquentes, des discours kolos-
saux que l'on peut exprimer ce qu'on pense ; il
faut des mots souriants et doux pour évoquer sa

maison, sa terre, sa famille, tout ce qui constitue
le plus beau, le plus grand, le plus aimable des
pays :   la France !

Le Linge

Ceux du 30ᵐᵉ alpin se sont battus
comme des lions.

Les Chasseurs de quinze bataillons.

N chaînon, planté de sapins noirs, perpen-
diculaire à la vallée de Munster, une arête
à deux pans dont la réunion, au centre, constitue
le piton du Schratzmaennelé, le pan du sud, c'est
le Barrenkopf ; le pan du nord, c'est le Linge. A
gauche du Linge, le Rain des Chênes court en
demi-lune, cornes à l'est, jusqu'au massif du Noirmont ; à droite, c'est après les crêtes rocheuses,
l'effondrement du massif sur la vallée qui, débou-
chant de la Schlucht, sine par Sulzern, Ampfer-
bach et Stosswihr avant de tomber dans Munster.

Entre les chaînes s'étalent ou plutôt s'étalaient avant le 20 juillet de gras pâturages fleurant bon ; de coquettes métairies fumaient dans les fonds abrités du nord ; Pairis et les hameaux d'alentour fabriquaient paisiblement leur munster. Deux ou trois coups de fusil chaque jour, quelques volées des 77 casematés au Rain des Chênes auxquelles répondaient un 65 de montagne haut perché, c'était tout ce qui rappelait la guerre dans cette région bénie. Sainte Barbara, patronne du pays, avait visiblement intercédé en faveur de la contrée, et le Schratzmaennelé, le farfadet dispensateur de cauchemars mortels, pouvait, sans crainte de la mitraille, sortir des carrières du Barrenkopf pour rôder à la lune dans les métairies endormies.

Aujourd'hui, des boyaux profonds circulent dans les pâturages criblés de trous d'obus ; des corps gisent un peu partout, impossibles à relever sous le bombardement intense des Boches. Les fermes sont rasées ; les noirs sapins du Linge ont disparu comme ceux du Vieil Armand, comme ceux du Reichackerkopf, réduits en poussière par les tonnes de fonte, de fer et d'acier déversées par des dizaines de canons. C'est aujourd'hui le bourdonnement incessant des mitrailleuses, le tambourinement des pétards et des bombes. Les torpilles aériennes ébranlent l'air à cinq cents mètres du point de leur explosion et, là dessus, les obus de tous calibres et de tous genres, sifflant, labourant, détruisant, projetant en l'air toutes sortes de débris au milieu d'une épaisse fumée noire. Une odeur de pourriture saisit.

La nuit, illuminée par les fusées éclairantes et les grenades incendiaires, cette arête ravagée fait peur. Le cerveau est martelé par les détonations perpétuelles ; l'œil ne s'arrête que sur des spectacles d'une horreur indicible. La guerre que nous avons vue ailleurs nous paraît douce à côté de celle-là, celle-là qui est l'Enfer auprès duquel pâliraient les visions du Dante.

*
* *

Les Allemands, pressentant l'attaque française, s'étaient solidement organisés sur la crête du Linge, du Schratzmaennelé et du Barrenkopf. Ayant sous la main des quartiers de roches énormes et des arbres pour scier d'épais rondins, ils firent en quelques jours du Linge une position inexpugnable ; c'est du moins ce que pensait l'état-major du secteur.

Ces positions furent enlevées, évacuées sur certains points, reprises en partie. Il fallut des chasseurs pour escalader la crête ; il fallut surtout des chasseurs pour tenir des positions chèrement achetées, malgré des contre-attaques innombrables, sous un bombardement d'une violence inconnue jusqu'alors aux dires de soldats qui avaient vu les Eparges, Souchez et Carency.

Il fallait tenir ; les chasseurs ont tenu. Un jour,

les Allemands ont planté un écriteau sur le parapet d'une de leurs tranchées. On y lisait : « Le
Linge sera le tombeau des chasseurs ». Il fut le
tombeau de beaucoup, de trop, hélas ! mais c'est
une gloire sans pareille que d'avoir « fait » le
Linge, gloire pour ceux qui y dorment, gloire
pour ceux qui en revinrent après avoir tenu coûte
que coûte, malgré les morts...

C'est le 20 juillet que se déclanche la première
attaque. Les Français avancent sur toute la ligne.
D'un seul élan, le 14ᵉ alpins atteint le sommet du
Barenkopf. A gauche, la progression est plus difficile : nos bataillons ne prennent le sommet du
Linge que le lendemain. Seuls, un point culminant
et le Schratzmaennelé restaient aux mains des
Boches. Mais ces derniers amènent des renforts
facilement et se lancent en masse contre la crête
qu'ils ont perdue. Ce n'est plus alors qu'une lutte
à coups de pétards, de brownings et de couteaux.

Les alpins se multiplient. Dès que les bérets
bleus sortent des trous, les Allemands reculent.
Le 27 juillet on améliore nos positions ; le 1ᵉʳ
août on attaque encore. Et puis, du 5 au 9 août,
a lieu un bombardement terrifiant ; nos soldats
demeurent dans la fournaise, sous le déluge de fer
et de feu... C'est l'héroïsme qui dure, c'est une
épopée qu'on ne peut pas décrire, c'est l'enfer,
oui, c'est l'enfer, — on ne peut pas trouver d'autre expression pour faire image, — mais c'est
l'enfer plein de héros, c'est l'enfer plein de su-

blime... Il faudrait un livre pour chanter le courage des chasseurs au Linge.

Les Allemands voulaient la position à n'importe
quel prix ; les chasseurs l'ont gardée... Pourtant,
elle était scabreuse. Figurez-vous une pointe
avancée d'un peu plus d'un kilomètre, fauchée à
gauche par les canons du Rain des Chênes, à
droite prise à revers par les batteries du grand
Reichackerkopf !

. . . .

A la sortie du grand boyau de la division, j'ai
vu le retour de l'enfer ; j'ai vu nos bataillons
boueux, sanglants, en guenilles, et je tremblai
d'admiration à leur vue... Que n'ont-ils pu les
voir ceux qui doutent ou ceux qui oublient !

Sans essayer de donner une forme à des notes
prises chaque jour, les yeux pleins de visions terribles, les oreilles assourdies par l'effroyable orchestre, sans vouloir, pour rendre mon récit plus
complet, ajouter ce que je n'ai pas vu ou n'ai pas
entendu, j'apporte mon témoignage.

Puisse-t-il faire augmenter l'admiration et la
reconnaissance des Français pour ces bataillons
d'élite devant lesquels je m'incline...

                                    20 août 1915.

                    *
* *

                                    3 Août.

En avant !

Nous quittons la filature où nous avons essayé
de nous nettoyer et de nous débarrasser des petites

bêtes désagréables récoltées dans les tranchées boches du Südelkopf. En avant dans la belle vallée alsacienne toute bourdonnante du bruit de ses métiers. Beaucoup d'hommes jeunes dans les chemins, dans les champs, et c'est une surprise. Les Allemands ont si peu occupé cette région, au début des hostilités, que les jeunes classes et les réservistes sont restés là. Cette vallée est un coin de l'Europe en armes où l'on pourrait le plus douter de la guerre si les détonations des canons perchés sur les kopfs, les convois de ravitaillement interminables, les troupes sans cesse rencontrées, ne rappelaient la réalité tragique...

*
* *

Voici une locomotive, des wagons, une gare, toutes choses que nous n'avons pas vues depuis une année. On embarque. La machine siffle... Nous sommes en France.

Maintenant, tout le long de la voie, dans les hameaux, les villages et les champs, on constate le manque d'hommes. Des femmes, des enfants accourent. C'est un régiment qui revient d'Alsace, de la terre où l'on se bat, où l'on meurt mais où l'on avance, et les mains s'agitent, et les baisers pleuvent...

Une jeune femme, en vêtements de deuil, pleure et nous envoie, de ses deux mains, des baisers héroïques. Un vieux, dont la brise soulève les cheveux blancs, brandit sa faux dans la direction de l'Est. Il semble nous dire :

— Où allez-vous, soldats ? L'ennemi n'est pas encore vaincu, l'ennemi héréditaire qui a fait partir mes enfants, mes petits-enfants, qui m'oblige, vieillard faible et lassé, à reprendre la faux pour coucher la moisson mûre. Où allez-vous, soldats, avant le triomphe final ?

— Patience, grand-père. Nous ne fuyons pas ; nous ne voulons pas de trêve avant que l'ennemi soit vaincu. Nous allons plus haut, plus au nord, là où, depuis quelques jours, le canon tonne sans cesse, là où, malgré leur résistance acharnée, nous obligeons les Allemands à quitter crête par crête, vallon par vallon.

Sous le doux ciel de la Patrie, au milieu des mains qui s'agitent, des baisers, des caresses des regards de femmes, le train va dans la nuit qui tombe...

4 Août.

Le soleil irise les vagues du lac lorsque nous nous réveillons dans la ville vosgienne. Pour faire honneur à la France, nous brossons nos capotes poussiéreuses, et nos chaussures, redevenues luisantes, réveillent notre orgueil de Pitous. Enfin, un débarbouillage prolongé nous transforme en soldats tout neufs, en soldats de dépôt, et nos semelles ferrées sonnent bientôt sur les trottoirs des avenues.

Ah ! que c'est drôle à arpenter un trottoir ! Ah ! les beaux magasins ! Comme cette épicerie est séduisante avec ses pyramides de boîtes de langoustes, de saumons, de conserves de toutes sortes. On admire ; on s'extasie ; on est comme des bleus qui, descendus de Retord, découvrent les beautés des rues de Bourg en Bresse.

Un hôtel transformé en hôpital nous arrête longtemps. Toute une rangée d'automobiles kaki trépident ; leurs conducteurs, rasés de frais, ont grand air. Comme tout le personnel de cet hôpital, ils sont Anglais. Ils débarquent des petits chasseurs blessés avec des minuties incroyables, avec des soins inouïs. Ça fait plaisir de songer que, blessé, on sera soigné de façon semblable.

Comme nous partons, une dame de la Croix-Rouge me tend une gerbe tricolore : coquelicots, clochettes blanches et bleuets. Un Tommy impeccable salue et, comme j'ai remercié la gracieuse infirmière, il ajoute, sentencieux :

— *You will have a good luck* (Ça vous portera bonheur).

En route ! Cette fois nous embarquons en automobiles. De grands camions Peugeot enlèvent le bataillon à l'assaut des cols.

— On s'fiche pas de nos figures, constate, avec un sourire béat, Jolivet le Cosaque, tandis que les camions escaladent la côte qui me fait rêver à celle de Meyriat.

Les lacs, nichés dans les vallons, reflètent les sapins noirs des Vosges que Pernod prétend dévorés par les bostriches. Si Pernod le dit, c'est que c'est vrai. C'est en cubant les plus beaux arbres que nous arrivons à la cime...

A terre ! Sac au dos ! Il fait nuit. Le bataillon s'égrène sur une route bordée d'hôtels dont beaucoup ne montrent plus que des carcasses bombardées.

Et revoici la frontière ! Il est sans doute écrit que je me battrai seulement en Alsace. Nous croisons des convois sans fin. Une longue file d'ambulances glisse, sans bruit, vers le fond que nous dominons et où les mitrailleuses crépitent. Au passage, on nous salue de : « *Good bye ! Good luck !* » Ce sont les Tommies qui font des vœux pour le régiment qui part et leurs chauffeurs nous font garer par un modulement très doux tiré d'un sifflet que ne peuvent entendre les Boches. Des rafales d'artillerie grondent dans la vallée ; les fusées incendient le ciel et les monts ; des ambulances, d'où sortent de douloureux soupirs, remontent...

Nous pénétrons dans nos baraquements de réserve dont les minces cloisons tremblent aux détonations d'une pièce de marine braquée dans le creux, devant nous.

5 Août.

C'est un départ comme les autres : le sac monté en deux minutes, le jus avalé à la hâte, le rassemblement qui n'en finit pas, la mise en marche, puis la dislocation du bataillon à travers des sentiers si pierreux et si glissants qu'on doit faire des haltes fréquentes.

Voici le camp de Bitchstein. Un Decauville court le long du sentier et, sur les wagonnets, les gros obus allongés de 220 s'étalent. Chaque projectile pèse cent dix-huit kilos ; c'est à grand'peine que deux hommes le manient. Les mortiers de la batterie sont tapis dans les broussailles, gueules en l'air, culasses ouvertes ; un obus dans l'âme de chaque pièce.

Sous le bois où nous pénétrons, quelques tombes bien entretenues. Soudain, les rires cessent, les conversations s'arrêtent. Quelque chose de plus terrible que les morts endormis sous les frondaisons de l'été nous glace... Une dizaine de chasseurs, hâves, déguenillés, couverts de sang et de boue, débouchent d'un fourré. Le premier tient son bras droit serré contre sa poitrine, un autre a la figure ensevelie sous des bandages, un troisième traîne une jambe et chaque pas lui fait grimacer la face. Ce ne sont pourtant que de « petits » blessés qui s'évacuent par leurs propres moyens jusqu'à la route de la Schlucht où des automobiles les prendront pour les conduire à Gérardmer.

On s'arrête ; on interroge ; ils répondent :

— Ah ! vous allez là-bas ? C'est horrible, ...
.... Pourtant, on en avait déjà vu ! Enfin, nous sommes sauvés encore une fois. C'est un mois de permission pour Nice...

Et ces blessés, même celui qu'un rictus douloureux défigure, sourient à la perspective d'un repos
bien gagné.

Descente rapide à la queue-leu-leu en baissant
le dos derrière un mur de pierres sèches pour
nous dérober aux vues d'une batterie allemande
qui nous prend en enfilade depuis le Reichackerkopf. Nous arrivons au camp de Mulwenwald où
deux cents mules crient et ruent à côté des rustiques abris de leurs conducteurs.

6 Août.

A chaque minute des blessés arrivent. C'est
angoissant. Et nous ne voyons que ceux qui peuvent marcher ; les autres sont évacués pendant la
nuit du camp de Wettstein par des ambulances
anglaises.

A la sortie du grand boyau de la division qui
fait communiquer notre camp à celui de Wettstein,
je ne vois que des choses lamentables. Un blessé,
à la moitié de la figure emportée par un pétard,
gémit, ne trouvant plus sa route, un bandeau sanguinolent lui couvre l'œil gauche et la moitié de
l'œil droit. Compatissant, un de mes camarades
le conduit avec sollicitude vers l'ambulance qui
doit l'emmener. Un autre suit, atrocement mutilé :
un éclat d'obus est entré dans l'œil pour sortir
dans la bouche. Un troisième, un tout jeune, serre
convulsivement son bras droit fracassé. Il s'arrête

sur une grosse pierre et reprend haleine. Nous causons.

— Ah ! oui, c'est pire que l'enfer. Terrés dans les trous que nous avons faits en toute hâte, nous sommes arrosés depuis quarante-huit heures par un déluge d'obus. J'étais à Carency ; c'était rien à côté... Ecoutez ! Ecoutez !...

Comme la peau d'un tambourin sur laquelle frapperaient cent doigts agiles, le Linge crépite, crépite... Boum, boum, rataboum... Quarante mille obus sont ainsi tombés sur les chasseurs, accroupis dans quelque creux, sous l'abri de quelque roche, des pétards dans la main...

— Ecoutez, c'est l'enfer, continue mon petit blessé d'une voix plaintive, comme un enfant qui s'apeure, et deux grosses larmes descendent le long de ses joues boueuses pendant que sa main gauche soutient le bras inerte dans son écharpe. Je console le jeune alpin :

— Pleure pas, mon petit, te voilà sauvé. Un mois d'hôpital pour remettre ton bras d'aplomb. Trois mois de convalescence à la maison, près de ta mère...

Deux larmes coulent encore, mais celles-ci brillent sur la figure illuminée du petit qui, bravement, rejoint le relai après m'avoir gaiement répondu :

— Au revoir, grand sergent ; bonne chance !

Et de sa main valide, gentiment, il me dit adieu.

. . . .

Les officiers parlent souvent ensemble à voix
basse. Il y a quelque chose. Je m'informe. On
ne peut plus tenir sous le bombardement devenu
infernal. Il faut élargir les positions. Ce soir, on
ira au rabiot.

Au rabiot, ça veut dire à la baïonnette.

7 Août.

Nous sommes toujours au camp. Les chasseurs
veulent faire sans nous. Le Linge crépite plus fort
que jamais.

Par le boyau défile le 30e alpins dans un tel
état qu'on ne peut trouver des mots pour être
vrai. Un sergent-fourrier commande le bataillon.
Il y a une compagnie de dix-neuf hommes ! On
dirait d'une épave que la tempête rejette à la rive...
Ils ont le cœur bien accroché, ceux-là ! Ah ! les
braves loups qui reviennent, les yeux brillants,
saouls de fatigue et d'héroïsme, le corps brisé,
l'âme vaillante, rapportant, non pas de vulgaires
casques à pointe, mais de superbes shakos qui
coiffaient leurs adversaires : les chasseurs de la
Garde !

Ils racontent, — l'un d'eux d'une voix douce
de fille, — des scènes horribles qui serrent à la
gorge et dont on voudrait pouvoir douter. Enfin,
la conversation se détourne. Un sergent me montre un poignard boche que les Allemands cachent
dans leur botte droite, un petit stylet bien effilé
dans un étui de cuir.

C'est un attrayant causeur que ce sergent. Les innombrables dangers qu'il a traversés l'ont rendu très fataliste. D'un mot, il juge les choses et ne s'attendrit qu'en parlant de ses officiers dont aucun n'est revenu.

— Les braves gens ! s'écrie-t-il. Toujours avec nous dans les tranchées de première ligne. Quand il faut y aller, en avant ! Ils sont les premiers sur le talus. Aussi, tombent-ils tous. On les adorait, nos chefs, et tous on les pleure...

Je retrouve ce sergent, le soir. Je l'interroge sur nos positions. Il me propose une ballade jusqu'au camp de Wettstein. De là, il pourra m'expliquer la situation des deux armées car nous serons au pied de la chaîne.

Tant pis pour la discipline ! Nous nous embarquons dans le grand boyau, un boyau large comme un chemin de montagne et qui a coûté beaucoup de monde pour son établissement. Après un quart d'heure de marche nous sommes arrivés.

— La chaîne est peu bombardée, ce soir, nous explique notre guide. Voyez : le piton pointu c'est le Schratzmaennelé ; à droite c'est le Barrenkopf ; à gauche c'est le Linge. Le blockauss, à la crête, est à nous. C'est moi qui l'ai pris, ajoute-t-il avec orgueil, mais presque tous mes camarades y sont restés. Ah ! j'ai eu de la chance. Nous venions de nous emparer du fortin quand une marmite de 210 tombe dessus, en plein, m'étourdit, amoche presque tous les chasseurs. Dès que j'ai repris mes sens, je file chez le commandant et lui dis :

— Mon commandant, je n'ai plus personne pour garder le blockauss, seulement deux ou trois blessés.

— Je t'enverrai du monde, mon petit, mais retourne à ton poste.

— Je retourne, mon commandant, mais envoyez-moi du monde.

Je n'ai pas fait dix pas qu'un 150 crève l'abri du commandant et le tue avec son ordonnance. Mon pauvre commandant ! Je suis resté seul cette nuit à garder le fortin avec trois blessés, dont un est mort au petit jour.

. . . .

La nuit tombe sur le Linge. Les fusées éclairantes commencent leur ascension dans le ciel. Du lieu où nous sommes, j'aperçois distinctement notre ligne de tranchées marquée par des gabions en bois blanc. Nous ne sommes pas encore en haut.

Une gerbe de fumée jaillit sur l'éperon.

— Ce n'est rien, c'est un petit, déclare l'admirable sergent du 30°, que je laisse après un serrement de main chaleureux.

8 Août.

En pleine nuit, à la file indienne, nous partons. Il faut passer une crête illuminée par des fusées éclairantes et toute ombre suspecte attire immédiatement une rafale d'obus. Le passage dangereux

est traversé sans incident. Nous voici sur une
route longeant le Linge et, après une heure de
marche, nous arrivons au Noirmont.

A celui-là une pelle, à cet autre une pioche. Il
faut six nouvelles fosses pour six 65 et quatre
nouvelles tanières pour une batterie de 75. Je
conduis ma demi-section couper les madriers qui
supporteront une pesante toiture de terre et de
roches.

La vallée de Pairis s'étend verte et luxuriante
entourée de futaies. Les fermes sont à peu près
intactes. Il y a trois semaines elles étaient encore
habitées et leurs terres sont en pleine culture. Les
Boches ont trop de coups de canon à tirer sur
les tranchées françaises pour se livrer à leurs travaux habituels de démolition. Probablement que
Pairis n'échappera pas à l'incendie, aux ravages,
mais, en attendant, la paisible vallée nous repose
des horreurs entrevues depuis quelques jours...
Après m'être gorgé de framboises et d'airelles je
me suis, un moment, vautré dans les bruyères
roses comme pour reprendre, au contact de leur
fraîcheur, la certitude qu'il existe sur terre des
choses bonnes et des fleurs jolies.

Du haut de l'observatoire d'artillerie perché au
sommet du Noirmont, on surplombe de flanc toute
la chaîne du Linge.

— Nos canons ont fait bonne besogne, m'explique l'artilleur téléphoniste après m'avoir nommé les positions. Nous tapions dans ce col qui

sépare le Linge du Rain des Chênes. C'est là où les Allemands se massaient pour leurs attaques. Ils ont pris quelque chose. Avant de recommencer, ils veulent anéantir nos batteries. On s'attend à être sérieusement arrosés.

L'artilleur me parle ensuite de nos attaques. Il est émerveillé de l'allant de nos chasseurs et il écrit à sa famille qui habite Genève leurs plus beaux exploits contemplés à travers une lunette de batterie.

9 Août.

Vu un Oyonnaxien qui m'apprend la mort de Rolandez, de Savarin, d'Allombert, de Compard et d'autres compatriotes tombés pendant ces sanglantes journées. Nous pensons à la douleur des familles plus qu'au triste sort des soldats, car si nous pouvons venger ceux-ci, comment consoler les autres ?

... Je m'approche d'un rassemblement. Un chasseur à pied, en guenilles, couvert de boue, explique l'affaire. Il a un regard anormal, il revit ce qu'il raconte, il n'est pas avec nous, sa voix est sans vibration et ses yeux fixes font peur.

J'ai sténographié des bribes de son récit :

— Les Boches y nous craignent. Nous avons fait du bon travail. Y a que le trentième qui a fait mieux : y s'est battu comme des lions.

Dans la bouche de ce guerrier un tel éloge surpasse en force tout ce qu'on peut dire. Le chas-

seur cite des actions d'une audace incroyable ;
nous sommes bouleversés de l'entendre ; mais lui
continue sans émotion ; seulement ses yeux fixes
lancent parfois des éclairs :

— Le soir de la grande contre-attaque boche
que nous avons repoussée, deux Allemands
échouent dans un trou de marmite à dix mètres
de moi...

Il débite un épisode horrible de sa voix morne.
Indifférents à ce récit, d'autres chasseurs en boue,
en haillons comme lui, d'autres chasseurs cherchent leurs poux.

. . . .

— Je n'ai pas le pinceau tragique, me dit un
rédacteur du *Figaro,* que j'ai rencontré un jour
sur le chemin du Linge, mais je défie n'importe
quel cerveau, quelle que soit son imagination, quel
que soit le vocabulaire dont il dispose, de trouver
les images et les mots pour décrire les combats
du Linge. Nos chasseurs ont dépassé l'héroïsme.
Quinze ou vingt d'entre eux, accroupis entre des
rangées de cadavres, dans la boue et le sang, ont
arrêté à coups de pétards des attaques massives.
Celui qui ne les a pas vus, ne pourra jamais
concevoir ce qu'ils ont fait...

Devant l'aveu d'impuissance d'un journaliste de
talent, que dirai-je pour exalter les défenseurs du
Linge ?

10 Août.

Ce matin, le camp est tout en émoi. Le 5ᵉ bataillon est venu rejoindre le régiment. Deux com-

pagnies s'en iront au Linge pendant que les deux autres s'installeront au camp de Sainte-Barbara. Nous allons, je crois, entrer dans la danse.

12 Août.

Journées de cafard général. Je suis triste parce que mes poilus sont tristes et que je suis incapable de les remonter.

Depuis trop de jours nous vivons dans le voisinage de l'horrible, nous voyons, nous entendons des choses affreuses ; la guerre vue et non vécue est déprimante. Je crois que pas un vrai soldat ne me contredira.

Nous souffrons aussi matériellement. A dos de mulet, nous parvient une maigre pitance. Toutes les nuits nous courons dans les boyaux, de l'eau jusqu'à mi-jambe, porter des chapelets de pétards à ceux qui meurent pour nous sur la crête. Les marmites pleuvent, les balles sifflent ; nous ne passons pas de jours sans avoir des tués, des blessés, en ne voyant aucun ennemi...

Mes poilus voient tout en noir, et moi je suis loin de voir en rose quand la nuit tombe et qu'on doit partir dans le boyau plein d'eau et de cadavres.

15 Août.

C'est encore une belle fête qu'on passe loin des siens. Nous travaillons tout le jour pour placer un câble télégraphique dans le boyau 6.

Pendant qu'on déroule le câble, je me promène
autour du cimetière immense planté de croix uni-
formes et rangées comme des soldats à la revue...
Que de morts !...

O kaiser, voilà bien la moisson telle que ta
gloire l'a rêvée !

Le soir, à 7 heures, une grosse marmite de 210
éclate au milieu du camp, au moment où les compagnies se rassemblaient pour le travail de la nuit.
La marmite fait son œuvre : trois morts, une
quinzaine de blessés. Un deuxième obus rapplique
et c'est une fuite éperdue jusqu'aux abris de bombardement.

Je pénètre dans l'un d'eux en soutenant un
soldat de territoriale qui gémit : « Ah ! ze meurs !
Ah ! ze meurs ! » avec l'accent chantant de Marseille. Un deuxième blessé entre avec nous en
geignant.

Vite, une bougie, un coup de couteau tout le
long de la capote du Méridional...

— Ah ! le pauvre !... Je retiens mon exclama-
tion pour ne pas qu'il l'entende le malheureux
blessé qui murmure toujours, de sa voix chantante
de Marseillais : « Ah ! ze meurs ! Ah ! mes pauvres petites ! » Deux gros éclats l'ont atteint. Le
premier, dans le dos, à gauche, a écarté toute la
chair, et je vois le poumon qui palpite. La seconde
blessure est encore plus affreuse. La colonne ver-
tébrale est brisée et un peu de bile coule de la
plaie. J'ai toujours des paquets de pansements

dans mes poches et je bourre les trous de gros tampons de ouate.

A l'autre. L'autre est bien amoché mais, à côté de celles du premier, ses blessures paraissent insignifiantes. Le petit major arrive en soufflant. En voilà un dévoué ! Il est toujours près de nous dans les mauvais moments.

— Qu'est-ce qu'il y a ?

En quelques mots, je le renseigne.

Il tâte le pouls du vieux Marseillais qui, maintenant, parle de sa femme et l'appelle ; le major hoche la tête, découragé, et va s'occuper du deuxième, atteint à cinq endroits.

En ce moment, un camarade m'aborde :

— Tu sais, Monod est blessé. Je l'ai entendu crier quand la marmite a éclaté. Je ne sais pas ce qu'il est devenu.

Alors, je file dehors comme un fou. Est-ce possible, Monod blessé, la joie de la compagnie, mon bon, mon meilleur camarade !... Il me semble entendre son père aux adieux de Grandvillars : « S'il lui arrive quelque chose, nous comptons sur vous ».

Je cours tout au bout du camp. Mille visions lugubres m'assaillent et me donnent des ailes. J'arrive à l'ambulance, j'entre en coup de vent, la gorge serrée d'angoisse.

— Ah ! les cochons ! Ah ! les maladroits ! C'est Monod qui parle, et sa voix est forte et rieuse, c'est Monod qui n'a qu'une égratignure à l'épaule.

Je lui serre la main frénétiquement, mais j'ai plus envie de le battre tellement je suis heureux de le voir...

Au dehors, quatre soldats sont étendus, rigides ; mon Marseillais est du nombre.

17 Août.

Les hommes râlent. Encore deux nuits pendant lesquelles on a travaillé dans les boyaux boueux. Nous sommes abrutis de fatigue, attendant chaque soir l'attaque annoncée qui nous libérera des canonnades trop proches de nos dangereux voisins.

En attendant, il faut élever les parapets détruits par le bombardement de la journée. Nous sommes des types dans le genre de madame Pénélope qui refaisait chaque jour ce qu'elle défaisait chaque nuit.

Pernod, Jolivet, Delomme sont déjà sur le parapet, remplissant les gabions. Les rudes gas que ces trois-là ! Toujours à l'ouvrage, toujours au danger. Cependant, Pernod s'arrête, parce qu'en remplissant un gabion il a tiré une jambe.

Pernod, qui n'a peur de rien, a peur des morts... Il s'en va plus loin et se remet à bûcher.

18 Août.

Ce soir c'est l'attaque. Sac au dos ! En avant ! Tout le monde marche ! tout le monde est éveillé... on peut y aller d'un instant à l'autre. Depuis deux heures notre artillerie crache sur les tranchées allemandes des centaines d'obus. Nous nous concentrons à Weltstein.

. . . .

L'attaque a si bien réussi que nous sommes restés équipés, à la même place. Les chasseurs sont montés à l'assaut, en chantant, l'arme à la bretelle. Ils ont pris deux fortins, deux tranchées. Ils se préparent à la contre-attaque et nous devons rester en réserve. En attendant, il faut monter au bataillon, qui là-bas gagne la cime, quelques milliers de pétards.

A nous le boyau 6 ! Nous devons faire plusieurs voyages. Voici le tour de ma section. A grandes enjambées nous dévalons dans le boyau fameux avec des rouleaux de fil de fer, des chapelets de pétards autour du cou. Quelques marmites tombent. Voici la combe couverte de 50 centimètres d'eau. Les obus ont démoli le parapet ; on se fait petit, petit, frôlant parfois un cadavre... Ça y est, nous sommes arrivés. Le Linge est calme. Les Allemands n'ont pas encore repris leurs esprits. Demi-tour. En route ! Les marmites pleuvent, pleuvent sur le boyau et la banquette est en un endroit détruite sur cinquante mètres... Il faut sortir de là...

— Allons ! dehors, les petits ! Pas gymnastique, hardi !...

Et je bascule la tête la première dans un trou de marmite et mon nez vient s'aplatir sur le ventre

d'un mort. Je me relève en riant pour faire rire
les hommes.

— Allez ! les petits ! Pas gymnastique, hardi !..

Tixier trottine devant moi. Dix minutes de galop
et nous arrivons sous les sapins de Wletstein qui
nous semblent accueillants quasi comme un home.

Et cette pensée bizarre, insensée me vient de
plaindre les hommes qui n'auront pas connu les
sensations qu'un soldat éprouve et qui lui donnent,
parce qu'il la rencontre sans cesse, le mépris de
la mort.

19 Août.

Nous partons à la Tête-de-Faux, venant de
vivre les quinze plus terribles jours de notre première année de guerre.

A 1219 mètres d'altitude

UN merle chasse ; c'est la nuit. C'est la nuit qui permet le déplacement des troupes, malgré les fusées et les projecteurs. Le long des chemins creux et des sentiers, dans les boyaux étroits zigzaguant aux flancs des pics, c'est, quand le jour est fini, une circulation intense.

A grands renforts de coups d'éperons et de fouet, huit chevaux enlèvent un caisson de munitions. La pente est raide, les cailloux roulent, les bêtes « butent » : il faut aller quand même. Là-haut, à mille mètres, tapis entre des rocs, quatre 150 attendent leur nourriture, de solides bouchées de 43 kilogrammes qu'ils envoient, à 14 kilomètres, bouleverser les tranchées ennemies.

Et les convois de projectiles se suivent toujours accompagnés de cris, de coups et de jurons, dans les sentes où ils creusent de profondes ornières.

Une longue file de mulets escalade le sentier rocailleux que nous venons d'emprunter, et notre colonne doit appuyer à droite pour que les bêtes passent. Aucune interruption dans l'ordre de la caravane. Chaque muletier tient de la main gauche la bride de son mulet et, dans sa main droite, la queue de l'animal qui le précède. Cette façon de se faire remorquer ne trouble en rien la marche de nos indispensables auxiliaires.

Indispensable est bien le mot. Sans nos braves mulets, comment ravitaillerait-on, sur les kopfs pointus, les troupes vosgiennes ? Depuis trois mois que je vis sur les cimes les plus élevées de l'Alsace, je ne me lasse pas d'admirer l'agilité, la force et la sûreté de ces robustes bêtes.

Il arrive bien quelques accidents ; voici que le troisième mulet de la file vient de rouler sur la pente et la feuillette de vin qu'il portait s'est écrasée sur le roc. Demain, une compagnie se « bombera » des deux quarts réglementaires. En attendant, les spectateurs de l'accident s'amusent comme des petites demoiselles.

— C'est jamais la mule au *bricheton* (pain) qui tombe ; c'est toujours celle au *pive* (vin), remarque Monod, pour que les muletiers entendent. Mais les muletiers, impassibles, ne relèvent pas l'insinuation de mon ami et, plus pressée que

nous, la caravane moutonne et s'en va au milieu
des rocs inondés de lune.

— Ça monte bougrement, gémit Guyennet le
Râleur.

Pour un indigène des Dombes, « ça » doit en
effet monter. La cime que nous allons occuper
pique encore bien haut, dans un ciel d'été magnifique, ses roches tourmentées et ses pins rabou-
gris. Ça monte tellement que, malgré le vent frais
des Vosges, nous avons bien chaud quand l'heure
de la halte arrive.

Nous devons laisser là nos cuisiniers qui opé-
reront à l'abri d'un bouquet de pins. En un clin
d'œil les hommes ont débarrassé leur sac des
boteillons, seaux, marmites et, comme un chiffonnier, Moine, notre maître-queux, s'en va d'un pas
menu, chargé de toutes sortes d'ustensiles.

En avant ! Un fil de fer sinue entre les roches ;
c'est le fil d'Ariane qui nous conduira sûrement
aux postes que nous devons occuper. Soufflant,
suant, grommelant à chaque pierre qui roule, la
24ᵐᵉ compagnie grimpe la côte de plus en plus
abrupte.

Et, tout-à-coup, voici qu'on se trouve sous
quelques pins au milieu des tombes...

Propres, lissées, soignées, alignées comme pour
une parade, les petites tombes accueillent ceux qui
viennent pour les protéger. La lune joue sur les
croix blanches où les noms des soldats sont ins-
crits. Au milieu d'elles, un monument fait de blocs

de grès rose d'où s'élance une colonne de granit,
paraît invraisemblable, irréel par cette nuit claire,
sur ce mont abrupt où nous ne pensions rencontrer que la désolation.

— Qu'il ferait bon dormir là, murmure Seguin,
sentimental.

Lui le murmure, mais nous avons tous songé,
à la vue du petit cimetière baigné de lune, qu'ici
les membres lassés se détendent, les blessures
finissent d'être douloureuses, qu'ici l'on ne craint
plus rien du froid, du lendemain, de l'alerte...

Et si nous avons tous envié ces morts si pieusement honorés par leurs compagnons d'armes,
c'est que nous venons de quitter.............
où les fosses sont communes, où les cadavres ne
sont ensevelis que lorsqu'on peut les ravir à la
tempête de la mitraille, où les gros obus, pulvé-
risant les rocs et les arbres, bouleversant le sol,
refaisant du néant avec les choses, enterraient les
vivants et déterraient les morts...

Avoir son petit trou à soi, sa petite croix, son
jardinet fleuri par quelque bon camarade, voilà la
promesse qu'il faudrait pouvoir faire à tous ceux
qui se battent, croyants ou incrédules, préoccupés
ou non de l'au-delà. C'est un sentiment de pudeur, c'est un tantinet d'égoïsme, c'est une préoc-
cupation très évidente qu'agrandit encore le souvenir récent de charniers horribles.

Aussi comme on a flâné au milieu des petites
croix blanches, cherchant à lire des noms et com-

me attendant qu'elles nous disent leurs histoires !

Mais que nous auraient-elles dit, grands morts, que nous ne sachions de vous ? Dormez paisiblement dans le cimetière recueilli sous les étoiles ; il n'est pas besoin de nous instruire du but que vous poursuiviez, de votre état d'esprit, de votre âme quand vous êtes tombés pour notre grande cause.

Vous êtes des Français de 1914, dignes des générations qui, pendant des siècles, ont préparé la nôtre ; vous êtes de ceux qui partirent, l'an dernier, si unis que nous fûmes invincibles ; vous êtes ceux qui forcèrent l'admiration de tous ; vous êtes ceux que le Pays aime, remercie et pleure...

Accoudé à la balustrade rustique entourant votre champ de repos, je m'incline pour recevoir votre noble héritage. Il est lourd, ô chasseurs et pioupious des Vosges, de tout ce que firent les anciens, de toute votre gloire ; il est lourd à porter, il est lourd à défendre, grands morts, tout ce bien que vous m'avez transmis !

. . . .

La rumeur indescriptible que fait la guerre pendant la nuit, trouble le sommeil d'un couple de mésanges qui s'envole au-dessus du monument tout rose. Le vent du nord chante à travers les aiguilles des pins ; nous quittons l'endroit « où il ferait bon dormir ».

Un quart d'heure après, c'est la cime, c'est la tranchée ; un fusil pète comme la capsule d'un

pistolet de deux sous ; nous sommes, près des
Boches, à 1219 mètres d'altitude.

22 Août.

Un groupe de rochers qui forme vaguement un
sphynx semble être la sentinelle de notre tranchée, celle qui se trouve à 1219 mètres d'altitude.

Après la nuit pleine de lune, le jour s'est levé
dans un brouillard pisseux, glacial, où l'on entend
siffler les petites grives qui vendangent les airelles,
les groseilles des Vosges.

Frileux, je rentre en toute hâte dans le gourbi ;
à quatre pattes devant la porte du poêle, je souffle,
pour les enflammer, sur des branches humides. Il
est très beau, ce poêle : une plaque de blindage,
crevée par un obus, forme le plateau ; un bout
de tôle ondulée, chipée sur l'abri du commandant,
constitue le corps de l'appareil. J'admire le travail
de mes prédécesseurs, tout en insufflant, par un
trou fait avec une baïonnette, l'air qui doit allumer
la paille et le papier placés sous les branches.
J'use une boîte d'allumettes, un ballot de journaux,
la moitié de la paille de ma litière... et je n'ai
point de feu.

Par exemple, comme je sue à grosses gouttes,
je pense avoir résolu un des problèmes de la vie
chère. Essayer d'allumer un feu récalcitrant, c'est
obtenir, sans dépense de combustible, la chaleur
désirée.

Bayzelon, riant de mon insuccès, se met au travail ; il arrive au même résultat.

Tandis qu'il s'éponge et que je ris à mon tour, Narcisse intervient ; il obtient quelque chose en remplissant d'une telle fumée notre demeure que nous sommes obligés de décamper...

23 Août.

Le début de notre deuxième journée est aussi maussade qu'hier. C'est à peine si, dans la brume, on devine les contours ruisselants du sphynx. Pourtant, à midi, un pâle soleil arrive à percer le brouillard jaunâtre et bientôt la brise chassant les brumes nous fait découvrir une mer de cimes entre lesquelles verdissent des vallons délicieux.

Là-bas, la chaîne du Linge apparaît sinistre, entourée de la fumée du bombardement.........
.... Nous l'avons laissée, la terrible crête, nous n'avons plus à la défendre et, pourtant, comme sa conservation nous tient au cœur ! C'est une idée fixe, une hantise : que font-ils, ceux du Linge, sous l'avalanche de fer et de feu. Pourront-ils tenir ? Les Allemands ne perceront-ils pas après leurs vingt attaques infructueuses ? Ne va-t-on pas nous appeler pour boucher des vides sanglants ?

. . . .

Rien n'est pénible, rien ne vous remplit d'angoisse comme le bruit intense d'une canonnade quand on est de réserve ou dans un secteur voisin.

Je sais bien, pourtant, que là-bas on *veut* rester,
qu'on avance sur les flancs de la chaîne si âpre-
ment disputée, que, le dernier soir que nous y
passâmes, nous avons pris un fortin, des prisonniers, une tranchée... Qu'importe ! on tremble
toujours pendant une attaque... surtout quand on
l'entend sans y participer.

Voici que notre artillerie répond aux mugisse-
ments de l'autre. La cime occupée par les Boches
disparaît sous une épaisse fumée. Les grosses marmites font jaillir en gerbes la terre et les rocs :
c'est un volcan en éruption.

— Les Boches prennent quelque chose pour
leur rhume, dit l'un.

— Ils peuvent écrire à leur notaire, dit l'autre.

Devant le spectacle grandiose et terrifiant, pas
une grande phrase, pas un grand mot.

A la nuit, cela devient saisissant. Les fusées
strient le ciel. Dans tous les fonds, nos canons
gueulent et de longues raies de feu indiquent
l'emplacement des batteries. Sur la crête ennemie,
c'est une suite ininterrompue d'explosions, d'éclatements ; le feu roule sur ses pentes. L'indicible
vision ! Les pétards, les grenades incendiaires, les
mitrailleuses font rage ; les torpilles aériennes éclatent avec un bruit de tonnerre et les tranchées
s'illuminent comme des rampes de théâtre.

Et puis voilà l'attaque que nous devinons, le
déclanchement rapide des petits chasseurs qui ont
bondi, fusil en bandoulière, des pétards à la main,

pendant que deux fusées rouges s'élançant dans l'air signifient à nos canons d'allonger leurs tirs et de barrer la route aux renforts... Une nuée opaque, faite de fumées et de brouillards, s'élève et la cime du Linge disparaît à nos yeux...

Oh ! savoir ! savoir ! connaître la suite de la terrible partie qui se joue dans un bruit d'enfer ; savoir l'héroïque assaut ; savoir le succès ; savoir ! savoir !

Je me précipite dans l'abri du téléphoniste-artilleur. Après une heure d'appels et de discussions, je reviens, délirant : Nous avons chassé les Boches jusqu'à la carrière !... Joie ! Enthousiasme ! Yeux qui brillent ! Voix qui tremblent ! Serrements de mains plus expressifs que des mots !...

Gare à la contre-attaque... Tiendrons-nous ?...

24 Août (Tranchée Raclé).

Notre petite tranchée est un modèle du genre. C'est, à ras terre, un fer à cheval, tapissé de branches de pins, qui bat de ses feux trois directions.

Notre tranchée est défendue par un réseau de fils de fer de plus de vingt mètres d'épaisseur. Un grillage, dérobé sans doute à la clôture d'une ferme, court le long du réseau, divisant le flanc de notre pic en deux parties.

— C'est la rotonde des grands fauves, déclare Delomme, le parisien omniscient, et, là-bas, c'est la cage aux singes, — et son bras, en un large geste circulaire, embrasse la tranchée allemande.

Le bombardier Pernod a déjà découvert la niche aux munitions et ses petits yeux brillent en palpant les grenades de Béthune, les fusées Hasen et les bombes à percussion. La variété se complète d'une malheureuse grenade incendiaire qui gît dans un coin, sans utilité d'ailleurs, puisque nos voisins sont à plus de deux cents mètres.

Sans utilité, je me trompe : de toutes les poches sortent des briquets de tous prix et de tous systèmes, et l'essence de l'instrument renouvelé du temps des feux grégeois, remplit les petites boîtes nickelées. Même Morestel le Canard, qui ne volerait pas un pou sur le ventre de Guillon, partage le produit du larcin.

Enfin, comme la bombe ne sert plus à rien, le bombardier Pernod, pour faire peur à Bichat, fait peter le détonateur. Bichat fait : Ouf ! et tous de rire. Un pinson des Ardennes, perché sur les branches basses d'un pin, n'a pas bougé au bruit.

— La chasse est fermée, pense-t-il, et je suis loin d'Oyonnax.

La morale c'est qu'après un an de guerre les petits oiseaux n'ont pas plus peur des détonations que les soldats français des fanfaronnades de Guillaume.

Fin Août.

Les journées de garde aux tranchées se suivent et se ressemblent. On repose tard dans les gourbis parce que le matin est le seul moment tranquille, le moment pendant lequel les canons, fatigués d'avoir hurlé toute la nuit, se taisent et refroidissent, pendant lequel les sentinelles, qui ont dilaté leurs pupilles dans l'obscurité, sentent leurs paupières s'alourdir et somnolent.

C'est aussi le moment où les aéroplanes survolent nos lignes. C'est tout juste si leurs mitrailleuses crépitantes parviennent à nous arracher de nos bas-flancs.

Un aéroplane allemand, au-dessus de nous, nous repère ; un avion français accourt ; le combat s'engage. Angoissés, nous suivons tous, le nez en l'air, les péripéties de la bataille.

Règle générale, l'appareil le moins vite fait demi-tour, essayant d'attirer son adversaire sous le feu des batteries amies, mais ça ne prend plus guère. Ainsi, les *Tauben* « grattent » les *Doran*, mais nos *Morane* se jouent des plus rapides *racers* de la flotte aérienne germanique...

Septembre.

Le journal nous apprend la mort de Pégoud. Aussi Bayzelon a le cafard. Le dernier des « rois de l'air », de l'escadrille que nous avons applaudie pendant notre mois de repos à F. a disparu. Après

Garros et Gilbert prisonniers, voilà Pégoud qui tombe, en terre française, une balle dans la tête.

Sa mort nous a rappelé le tireur qu'il emmenait sur son petit biplan de chasse et que nous avions surnommé Buffalo. C'était un Américain, professionnel de tirs acrobatiques ; il nous avait émerveillés par ses exercices prodigieux. Avec un pistolet, il perçait la crête des poules picorant dans les rues du village, il vous cassait votre pipe entre les dents et coupait une carte de visite dans le sens de l'épaisseur.

Plus fort que Tartarin, le chasseur de casquettes, Buffalo accomplissait ses exploits, le dos tourné, en visant à l'aide d'un miroir.

⋆

Boum... Boum... Les Boches bombardent nos fermes, — entendez celles qui s'élèvent dans nos lignes, puisque nous avons l'honneur de garder un coin de l'Alsace reconquise.

Les Boches ne veulent nous laisser que des ruines et usent leurs munitions sur les pauvres demeures qui tiennent encore debout autour des lignes de feu.

... Tous mes poilus sont venus à côté des feuillées d'où l'on découvre un panorama superbe, et tous exultent en constatant la maladresse des Allemands qui sont bien moches à côté de nos artilleurs français.

Signes de joie intense : Guillon fait danser la
peau de son front, Pernod grogne, le grand caporal Monin fume sans arrêt, Jolivet applaudit
comme s'il était au cirque ; imperturbable, le père
Janvier compte les coups :

— Quarante-un, quarante-deux, quarante-trois.

Tout d'un coup, avec un ensemble parfait, tous
s'écrient :

— Ça y est !

Un petit trou dans le toit couvert d'ardoises
laisse échapper une épaisse fumée noire. L'obus
incendiaire vient d'accomplir son œuvre stupide.

Gaume, poilu comme un ours et coiffé d'une
calotte pointue qui le fait ressembler à Mép...
quitte sa pose nonchalante qu'il avait en s'ap-
puyant sur l'épaule de Fouissac. Nicollet, de
Champfromier, serre les poings de rage et suppute
la valeur de la belle ferme qui brûle sans raison,
sans profit pour ses misérables incendiaires.

Toute la journée, Nicollet reste taciturne, mais,
vers le soir, ses petits yeux s'illuminent soudain :
Un canon français tonne derrière nous. Il veut,
pour montrer aux Boches que les Français, — ces
bons Français, comme ils disent avec ironie, —
sont las de leurs vils procédés, il veut atteindre
une immense métairie qui se trouve en arrière de
la tranchée allemande. Au troisième obus, la métairie commence à flamber.

Dans la nuit qui tombe, le spectacle devient
tragique. Les flammes teignent de sang les croupes

des cimes vosgiennes et le calme et beau ciel d'été. Rapidement, le brasier engloutit les récoltes récemment engrangées, tant de travail et tant d'espoir... On voit s'agiter des soldats qui viennent au secours... Nos sentinelles, recueillies, attristées, oublient de tirer...

Le sphynx de la Tête-de-Faux, impassible, est éclaboussé par des lueurs de l'incendie. Tout près de notre tranchée, des bruyères fleuries et des myrtilles font du clair et du noir sur le sol. Autour de la demeure en feu, des formes pitoyables s'agitent...

Et voilà que de grands souffles aigres viennent, dans la nuit, par dessus les montagnes, à travers les pins malingres, et échevèlent la torche gigantesque allumée par nos canons qui se taisent devant l'horreur de leur œuvre nécessaire.

Pourvu que les Boches comprennent la leçon !

Pour Finir

Nous avons quitté les Vosges ; nous sommes revenus en Haute-Alsace. Il me semble que j'ai retrouvé un pays où des choses sympathiques m'attendent ; je salue avec plaisir les coquets petits villages, les grands bois, les belles prairies. Rien n'a changé depuis la fin de l'hiver, sauf quelques maisons détruites, à part de plus fréquents passages d'avions dans le ciel. Le front est toujours figé où nous l'avons laissé. Après un court repos, nous nous attendons à aller y occuper quelque ligne de tranchées.

Depuis trois mois, nous n'avons pas causé à quelqu'un d'étranger au régiment. Il fait bon parler à des civils, aux Alsaciens qui, maintenant, connaissent un français très suffisant pour engager

une conversation. Après un an de guerre, toute
cette région reprise est devenue France à tel point
que ce sont ses habitants qui nous renseignent
sur les succès de nos soldats et que ce sont eux
qui accourent les premiers pour applaudir à l'offensive de Champagne dont Monod affiche, triomphalement, à la porte du bureau, les magnifiques
communiqués.

Je suis logé, avec deux ou trois sergents, dans
une petite maison ensevelie sous des pommiers.
Nous dévorons de la salade verte, des œufs, des
légumes, du beurre, toutes choses dont nous avons
perdu le goût dans les tranchées. Notre cuisinière
attend un bébé. Nous le baptiserons immédiatement, Bayzelon sera le parrain, le *ketta*, en patois
alsacien, et moi le parrain babillard. On nous
présente nos commères et on fixe, avec tous les
détails, la cérémonie au dimanche suivant... si le
loupiot ne manque pas le rendez-vous.

Mais si l'avenir n'est à personne, il est bien
moins encore aux soldats. Les bruits les plus
bizarres, les tuyaux de cuisine les plus inattendus
se mettent à circuler avec une persistance inquié-
tante : Nous allons partir en Champagne pour
continuer la pression victorieuse, disent les uns ;
en Orient, à Salonique, où se forme une armée
de secours pour les Serbes menacés d'une invasion, affirment les autres.

Avant la fin de la semaine, avant la naissance
du moutard, nous partons. Après une marche de

vingt kilomètres, nous embarquons à Belfort... A
Besançon, l'adjudant réserviste et Vercier contem-
plent d'un œil humide leur ville natale. Il doit
être dur de savoir sa femme et ses enfants, quittés
depuis un an, à quelques centaines de mètres...
et se trouver dans un train militaire.

Nous prenons la direction de Dôle.

— C'est la Champagne ! s'écrie un poilu qui a
parié pour la France.

Le poilu a perdu son pari. Nous sommes sur
la ligne de Bourg. C'est la Serbie !

. . . .

Dans l'auberge de Montluel où, deux jours
après, autour d'une table qui tient tout un côté
de la pièce, je ne vois que des visages aimés, que
des visages amis qui me sourient, il y a une carte
populaire violemment enluminée. C'est la carte
des hostilités. Devant elle, je vais me camper un
instant.

Ah ! ça, il faudrait bien s'instruire sur la route
qui nous mène à nos nouveaux destins. Elle est
d'abord bleue, et c'est la mer aux noms ensoleil-
lés ; elle est rose, elle est verte, elle est jaune, et
je lis des noms de pays dont j'ai connu la vieille
histoire à l'âge où tout ce qui est fabuleux, grand
et poétique émerveille les jeunes cerveaux. A les
retrouver, mon souvenir éveille des images héroïques et somptueuses.

Alors, c'est là, dans ces contrées où les dieux
et les guerriers, où les arts et les exploits ont

germé en moisson féconde, c'est là-bas que nous allons nous battre après tant de héros ?... C'est dans cet Orient voluptueux et raffiné que nous allons aborder, hirsutes, maladroits, voûtés par le sac et par un an de peines ? Entrerons-nous en vainqueurs, si lourds sous le casque et les plis raides des capotes, dans quelque jardin enchanté où des femmes charmantes fuiront à notre approche ? Traînerons-nous nos godillots pesants, dans ces cours mystérieuses où les eaux jaillissent parfumées, sur les marbres précieux d'une mosaïque chatoyante ? Pernod remplira-t-il sa bouffarde d'un hachish enivrant ?... Non, je ne nous vois pas, renouvelant les compagnons d'Ulysse, festoyer chez quelque moderne Circé...

Rudes soldats de la grande guerre, nous montrerons plutôt aux descendants de Philippe et d'Alexandre que nous savons vaincre comme leurs glorieux ancêtres.

Vaincre... qui ? Vaincre... pourquoi ? Cette question se pose à mon esprit qui s'en inquiète.

*
* *

Des camarades, — de ceux que j'ai réunis autour de mes parents qui seront rassurés, lorsque je serai loin, en se souvenant des braves et bons amis qui m'accompagnent, — des camarades se sont approchés de la carte pour y chercher « oùsqu'on va ? ».

— N'importe où que ça soit, dit l'un, pourvu qu'on retourne pas au Linge.

Et tous d'affirmer la même opinion.

— Taisez-vous donc avec votre Linge, gronde Pernod qui se rappelle le grand charnier des Vosges.

Comme lui, je me rappelle les épouvantables visions, mais je me souviens aussi de l'enthousiasme fou, de l'acharnement incroyable qu'on trouve sur le front français pour reconquérir les provinces volées ou les départements envahis et pour anéantir le Boche, l'ennemi héréditaire. Mais, là-bas, quel motif nous entraînera, nous passionnera pour la lutte, quel espoir nous aidera à souffrir, quel sentiment nous donnera le courage de sacrifier notre vie dans un de ces instants où les soldats voient et croient, — encore qu'ils ne s'en rendent pas toujours compte, — que « Mourir pour la Patrie est le sort le plus beau » ?...

Je regarde encore la carte. Qu'elle est loin de France cette petite Serbie pour laquelle a déjà coulé tant de sang, cette petite Serbie qu'on dit si amoureuse de son indépendance, si héroïque pour défendre sa liberté ! Les Bulgares vont, paraît-il, se joindre à ses puissants ennemis. Je la vois menacée de toutes parts, opposant une lutte désespérée aux flots innombrables des peuples qui se ruent contre elle... Pauvre petite Serbie ! tu cries qu'on te secoure pendant qu'il en est temps ;

par la seule porte ouverte de la Grèce, ton alliée,
nous courrons pour te venir en aide.

Nous nous joindrons aux Grecs qui voudront,
sans doute, châtier la félonie bulgare ; avec eux,
nous ferons une belle épopée, digne de s'ajouter
à leur histoire... et mon esprit, en songeant à
cela, reprend sa sérénité.

Vaincre qui ? Vaincre pourquoi ? Hé, pardi et
n'importe où nous les trouverons, les traîtres, les
voleurs, les incendiaires, les meurtriers ; n'importe
où, les comparses des Boches ; n'importe où, ceux
qui ont voulu la guerre !

Ce qui nous entraînera, ce qui nous passionnera, ce qui nous aidera à souffrir et à mourir,
c'est le drapeau que nous emporterons avec nous,
le drapeau de l'Yser, le drapeau de la Marne, le
drapeau qui flotte en Alsace dans les villages re-
conquis. Le sentiment qui nous donnera la fierté
de bien nous battre, c'est la conviction qu'un pays
comme le nôtre ne se bat pas seulement pour se
défendre, pour garder son territoire et ses richesses ; un pays comme le nôtre se bat encore pour
aider les faibles, pour délivrer les opprimés ; un
pays comme le nôtre se bat toujours pour l'honneur...

C'est pour l'honneur que je vais te quitter, ô
ma France, toi qui m'es devenue si précieuse
depuis qu'on souffre et qu'on meurt pour toi.
Puissé-je te revoir un jour et revoir, dans l'ombre

bleue de la montagne, la maison bénie qui
m'attend...

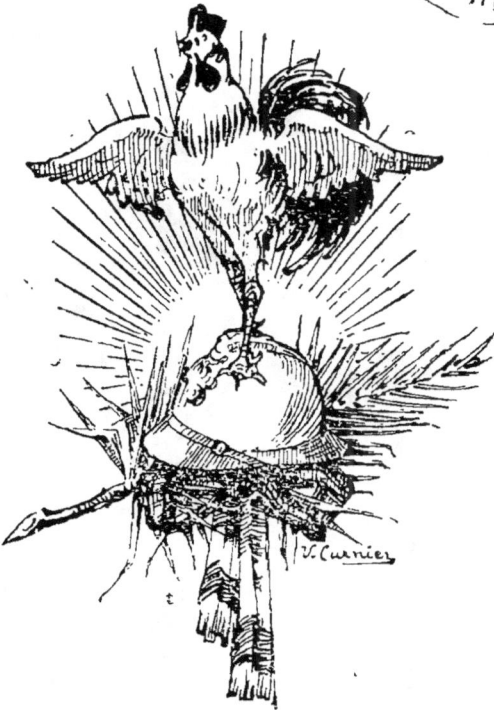

Octobre.

TABLE DES MATIÈRES

Préface 5

Avant-Propos 13

Les Premiers Jours 19

En Alsace 27

A travers la Sündgaù................. 47

Dans les Vallées de la Largue et de l'Ill... 61

Hagenbach 81

La Guerre dans le Bois............... 107

La Guerre de Tranchées.............. 123

Dans les Vosges 169

Au Südelkopf 179

Le Linge 211

A 1219 mètres d'altitude 235

Pour Finir 249

BIBLIOTHÈQUE NATIONALE
IMPRIMÉS

IN MEMORIAM

Depuis la rédaction de ces notes, la guerre en Orient a fait des victimes parmi les poilus, mes amis, que je nomme dans mes notes. Je crois accomplir un pieux devoir en les citant.

Janvier 1917.

Le sergent LOUIS VERCIER, tué le 5 novembre 1915, sur le plateau de Pépéliste (Serbie).

JULES BRAILLON, tué dans une tranchée de Kara-Hodzali, (Serbie), le 14 novembre 1915.

Le caporal SCHEBATH, tué le 19 septembre 1916, à Posesnica (Macédoine grecque).

Le clairon AUGUSTE MACERAT, tué à l'attaque des crêtes de Florina, le 22 septembre 1916.

Le sergent NARCISSE MARECHAL, tué le 29 novembre 1916, à l'assaut de la cote 1248 (N.-O. de Monastir).

Imprimé sur velin azuré
des Papeteries Lafuma, à Voiron

Éditions G. CRÈS et Cᵗ, 116, Boul. St=Germain, PARIS

NOUVELLE COLLECTION « LES PROSES »

Volumes in-16 (12 × 19). Chaque volume : 3 fr. 50 franco

PAUL ADAM

Dans l'Air qui tremble

Dessins de HUYGENS

COLETTE (COLETTE WILLY)

La Paix chez les Bêtes

Frontispice de STEINLEN

CHARLES LE GOFFIC

BOURGUIGNOTTES & POMPONS ROUGES

JEAN AJALBERT

Dans Paris, la Grand'Ville

(Sensations de guerre)

TH. HARLOR

LIBERTÉ, LIBERTÉ CHÉRIE...

Préface de J. ERNEST-CHARLES

Éditions **G. CRÈS et Cⁱᵉ, 116, Boul. St=Germain, PARIS**

Dernières Nouveautés

G.-K. GHESTERTON

LES CRIMES de l'ANGLETERRE

INTRODUCTISN DE CHARLES SAROLEA
TRADUCTION FRANÇAISE DE CHARLES GROLLEAU

Un volume in-16, vergé teinté, orné d'un portrait de
l'Auteur . . . . **3 fr. 50**

CHARLES BAUDELAIRE

LES FLEURS DU MAL

ÉDITION CRITIQUE REVUE SUR LES TEXTES ORIGINAUX
ET MANUSCRITS, ACCOMPAGNÉE DE NOTES ET VARIANTES
ET PUBLIÉE PAR AD. VAN BEVER

Avec quatre portraits en phototypie

Un volume in-8 couronne (VI-450 p.), tiré sur alfa d'Ecosse,
prix (marqué) . . . . **4 fr. »**
Il a été tiré de cet ouvrage : 100 exemplaires sur papier
vergé Lafuma, numérotés de 1 à 100. Prix. . **12 fr. »**

CHARLES BAUDELAIRE

LE SPLEEN DE PARIS

PETITS POÈMES EN PROSE

ÉDITION CRITIQUE, REVUE SUR LES TEXTES ORIGINAUX,
ACCOMPAGNÉE DE NOTES ET DE VARIANTES, ET PUBLIÉE
PAR AD. VAN BEVER

Un volume in-8 couronne (II-292 p.), tiré sur alfa d'Ecosse,
prix (marqué) . . . . **4 fr. »**
Il a été tiré de cet ouvrage : 100 exemplaires sur papier
vergé Lafuma, numérotés de 1 à 100. Prix. . **12 fr. »**

Éditions G. CRÈS et Cie, 116, Boul. St-Germain, PARIS

Publications d'Actualité

Collection " BELLUM "

Cette Collection a été créée pour donner à quelques-uns des meilleurs écrivains de ce temps l'occasion d'exprimer, sous une forme condensée leurs opinions et leurs sentiments sur la guerre actuelle et l'une ou l'autre des graves questions qu'elle fait naître.

La collection « BELLUM » ne comportera qu'un nombre restreint de volumes, tous de format petit in-16.

Prix : 1 fr. 75

Il est fait de chaque ouvrage un tirage de luxe : Chine, 8 fr. ; Vieux Japon, 6 fr. ; Japon, 5 fr. ; Vélin de Rives 3 fr. 50.

Paul ADAM — La Littérature et la Guerre.
Maurice BARRÈS, de l'Académie Française. — Dix jours en Italie.
Louis BARTHOU. — L'Heure du Droit. France, Belgique, Serbie. (Portrait de l'Auteur)
Tristan BERNARD — Souvenirs épars d'un ancien cavalier.
Marcel BOULENGER. — Le Cœur au loin.
Marcel BOULENGER. — Sur un tambour.
Lucien DESCAVES, de l'Académie Goncourt. — La Maison anxieuse (Frontispice de R. Vallin).
Maurice DONNAY de l'Académie française — La Parisienne et la Guerre (Portrait de l'Auteur).
Maurice DONNAY. de l'Académie française — L'Impromptu du paquetage, pièce en un acte.
Ernest GAUBERT. — Voix de Femmes.
Remy DE GOURMONT. — La Belgique littéraire.
Remy DE GOURMONT. — Dans la Tourmente (Avril-Juillet 1915).
Charles GROLLEAU. — Une gloire de la Flandre : Guido Gezelle, prêtre et poète.
***. — La Guerre, Madame...
Jean HENNESSY. — La Mort de l'Aigle. Préface de Laurent Tailhade.
UN LIEUTENANT DE CHASSEURS — Les Chasseurs (Chasseurs à pied, Alpins et Cyclistes).
Roland DE MARÈS. — Le Miroir des Jours.
MARIE, Reine de Roumanie. — Mon Pays.
Henri MASSIS. — Impressions de Guerre (Frontispice de Maurice Denis.
Pierre MILLE. — En croupe de Bellone.
N**. — Lettres de l'Empereur écrites en 1916. Préface de Paul Adam
Guy DE POURTALÈS. — A mes amis Suisses.
J.-M. ROSNY aîné. de l'Académie de Goncourt. — L'aube du Futur.
Ch. SAROLEA. — Le Réveil de la France.
Joseph SCHEWAEREL. — La Pentecôte à Arras (Frontispice de l'Auteur).
Louis THOMAS. — Avec les Chasseurs.
Jean VARIOT. — Petits Écrits de 1915.
Jean VARIOT — Sainte Odile, patronne de l'Alsace, que l'on fête le 13 décembre.
Émile VERHAEREN. — Parmi les Cendres. La Belgique dévastée (Frontispice de Huygens)

Éditions G. CRÈS et Cie, 116, Boul. St-Germain, PARIS

LA
GRANDE GUERRE
PAR LES ARTISTES

L'album « LA GRANDE GUERRE PAR LES ARTISTES » a été fondé dans le but de permettre aux maîtres du crayon et du pinceau de dresser à nos héros un monument durable de leur vaillance. Il attestera leur héroïsme journalier, en même temps qu'il clouera au pilori le Crime allemand. De la sorte, il constituera un document précieux dans lequel l'Art témoignera en faveur de la justice, de la beauté et de la bonté de notre cause.

LA GRANDE GUERRE PAR LES ARTISTES comporte, en *vingt et un fascicules*, 160 dessins lithographiés et des hors texte en couleurs ou gravés à l'eau-forte et forme un bel album in-4° raisin, sous couverture en couleur.

    Broché . . . . 20 francs.
    Relié pleine toile, fers spéciaux. . . 25 francs.
Il existe un tirage à part sur japon.
    Le fascicule. . . . . 4 francs.

L'édition ordinaire, papier vergé, se vend o fr. 8o le fascicule (sauf le 21e, lequel coûte 2 fr.)

PRINCIPAUX COLLABORATEURS

H. BOUTET	JOU
CIOLKOWSKI	Ch. LÉANDRE
DELAW	Frans MASEREEL
DEPAQUIT	Louis MORIN
Ch. FOUQUERAY	NAM
HANSI	B. NAUDIN
HERMANN-PAUL	B. RABIER
Ch. HUARD	L. RAEMAEKERS
HUYGENS	ROUBILLE
H.-G. IBELS	SIMPSON
JOB	STEINLEN
JOUAS	P.-E. VIBERT

Éditions G. CRÈS et Cⁱᵉ, 116, Boul. St=Germain, PARIS

DERNIÈRES NOUVEAUTÉS

ROLAND DE MARÈS

La Belgique envahie

DESSINS D'APRÈS DES CROQUIS PRIS SUR LE VIF
Par FRANS MASEREEL

Un volume in-16 vélin teinté ...... 3 fr. 50

Il a été tiré : 15 exemplaires sur japon impérial, numérotés de 1 à 15, prix : 15 fr., et 40 sur vélin de Rives, numérotés de 16 à 55, prix : 10 fr.

Composé au jour le jour, à mesure que se déroulait l'effroyable tragédie, ce livre dû à la plume d'un écrivain distingué, rédacteur en chef de *l'Indépendance Belge*, a toute la valeur d'un document historique.

Un jeune artiste, compatriote de l'auteur et qui fut témoin de nombreux épisodes de la lutte héroïque, a dessiné pour ce bel ouvrage, d'après les croquis pris par lui sur le vif, une série de dessins qui seront une révélation.

L'héroïque Belgique

ALBUM COMMÉMORATIF

PUBLIÉ SOUS LA DIRECTION DE
CHARLES SAROLEA

Professeur à l'Université d'Edimbourg, Consul de Belgique, Directeur d'« Everyman ».

Un album in-4° raisin (25 × 32), de 80 pages, imprimé sur beau vélin, contenant en hors-texte un dessin à la plume de ROUBILLE, une sanguine d'ALLARD-LOLLIVIER et une aquarelle de CHARLES JOUAS (*Incendie de Louvain*), des dessins dans le texte par HENRI BOUTET, JOU, OSBERT, STEINLEN et P.-E. VIBERT, et de nombreuses photographies documentaires. *Prix :* **2 fr. 50**

Reliure pleine toile, fers spéciaux . . . **4 fr. 50**

Cette publication représente un véritable monument érigé par l'élite des écrivains et des artistes français à la gloire du peuple héroïque dont le courage aura fait et fait encore l'admiration de l'univers.

Éditions G. CRÈS et Cie, 116, Boul. St-Germain, PARIS

COLLECTION ANGLIA

Charles SAROLEA
Professeur à l'Université d'Edimbou: Consul de Belgique

LE PROBLÈME ANG O-ALLEMAND

Préface de M. Emile BOUTROUX de l'Académie française.
Traduction française de CHARLES GROLLEAU
Un vol. in-18 jésus, vélin teinté . . . . . . **3 fr. 50**

James M. BECK
Ancien Attorney général adjoint, des Etats-Unis

LA PREUVE

ENQUÊTE SUR LA RESPONSABILITÉ MORALE DE LA GUERRE DE 1914
D'APRÈS LES DOCUMENTS DIPLOMATIQUES

Préface de M. D'ESTOURNELLES DE CONSTANT
Un vol. in-18 jésus, vélin teinté . . . . . **3 fr. 05**

Woodrow WILSON
Président des Etats-Unis

LA NOUVELLE LIBERTÉ

Introduction par Jean IZOULET, professeur au Collège de France
Traduction d'EMILE MAUCOMBLE
Un volume in-16 . . . . **3 fr. 50**

Israël ZANGWILL

Les Enfants du Ghetto

Traduction française de Pierre MILLE
Un volume in-18 jésus, orné d'un portrait de l'auteur **3 fr.50**

EN PRÉPARATION DANS LA MÊME COLLECTION

Mgr R.-H. BENSON : **Paradoxes du Catholicisme**, traduction française de Charles Grolleau.

DANIEL DE FOË : **Moll Flanders**. Traduction française de Marcel Schwob

DANIEL DE FOË : **Lady Roxana ou l'Heureuse maitresse**.

Éditions G. CRES et Cie, 116, Boul. St-Germain, PARIS

LE LIVRE CATHOLIQUE
COLLECTION D'OUVRAGES DE LUXE
publiée sous la direction de CHARLES GROLLEAU

VIENT DE PARAITRE :

PENSEES DE PASCAL

Avec deux portraits en héliogravure d'après la peinture de Quesnel.

Deux vol. in-18 gr. jésus (19 × 13) sur papier vélin de Rives, à 1500 ex. numérotés. Prix des deux volumes. . **12 fr.**

Il a été tiré, en outre : 5 ex. sur papier vieux japon, à 75 fr.; 15 ex. sur chine, à 60 fr., et 30 ex. sur japon, à 40 fr.; numérotés.

Le classement adopté pour la présente édition est celui réputé à juste titre, de M. Léon Brunschvicg. Nous y avons joint un précieux index analytique

DANS LA MÊME COLLECTION

LOUIS VEUILLOT

LES ODEURS DE PARIS

Portrait de l'auteur dessiné et gravé sur bois par P.-E. Vibert

Un vol. in-18 gr. jésus, vélin de Rives. . . **10 fr.**

VIENT DE PARAITRE

ANTHOLOGIE
DE LA
Poésie Catholique
DE VILLON JUSQU'A NOS JOURS
RECUEILLIE ET ANNOTÉE
Par ROBERT VALLERY-RADOT
Frontispice par CHARLES JOUAS.

Un fort vol. in-16, vélin teinté, couverture remplièe. **3 fr. 50**

Relié pleine toile, fers spéciaux. . . . . . . **5 fr. »**

Éditions G. CRÈS et Cⁱᵉ, 116, Boul. St=Germain, PARIS

LES MAITRES DU LIVRE

Collection d'Ouvrages de luxe

PUBLIÉE SOUS LA DIRECTION DE

AD. VAN BEVER

Volumes de format in-18 grand jésus (19 × 13) imprimés à nombre limité, sur papier vergé de Rives, précédés d'un portrait ou d'un frontispice dessiné et gravé par P.-E. VIBERT, ornés dans le texte d'en-têtes et culs-de-lampe du même artiste.

Prospectus franco sur demande.

DERNIÈRES NOUVEAUTÉS

GOETHE, **Faust et le second Faust**. traduit par GÉRARD DE NERVAL. Quelques exemplaires sur papier de Rives vert .... **9 fr.** »

VOLTAIRE, **Candide**. Quelques exemplaires sur papier de Rives, bleu pervenche .... **9 fr.** »

RONSARD, **Les Amours**. 2 volumes. Texte établi pour la première fois, sur l'édition de 1560 et publié avec une préface et des notes par Ad. Van Bever. Portrait dessiné et gravé sur bois par P.-E. Vibert. Quelques exemplaires, papier de Rives, bleu d'azur (frontispice en double état) .... **10 fr.** 5

LONGUS, **Les Pastorales** (Daphnis et Chloé). Frontispice et ornements typographiques dessinés par Ciolkowski et gravés sur bois. Quelques exemplaires sur papier de Rives, bleu pervenche (frontispice en double état) ..... **10 fr.** 5

Enrique LARRETA, **La Gloire de don Ramire**. Quelques exemplaires sur papier de Rives, bleu pervenche (frontispice en double état) **12 fr.** 5

Éditions G. CRÈS et Cⁱᵉ, 116, Boul. St-Germain, PARIS

ANTHOLOGIE

DES

ÉCRIVAINS BELGES

(Poètes et Prosateurs)

Recueillis et publiés par L. DUMONT-WILDEN

2 vol. in-16 avec portraits, prix des deux volumes . **7 fr.**

(Majoration provisoire non comprise.)

JEAN DEBRIT

LA

GUERRE DE 1914

NOTES AU JOUR LE JOUR

PAR

UN NEUTRE

OUVRAGE ILLUSTRÉ DE CROQUIS ORIGINAUX ET SUIVI
D'UNE CHRONOLOGIE

Tome I (1ᵉʳ août-31 décembre 1914).
 — II (1ᵉʳ janvier au 31 mars 1915).
 — III (1ᵉʳ avril au 30 juin 1915).
 — IV (1ᵉʳ juillet-20 septembre 1915).

Chaque volume in-16. Prix . . . . . **2 fr. 50**

Cet ouvrage, dont nous sommes les dépositaires exclusifs
pour la France, offre l'intérêt majeur d'être écrit par un
neutre disposant de documents peu connus.

Éditions G. CRÈS et Cⁱᵉ, 116, Boul. St=Germain, PARIS

Vient de paraître :

ÉMILE VERHAEREN

QUINZE POÈMES

Il a été tiré de cet ouvrage :

15 ex. Japon (dont 5 hors commerce) numérotés de 1 à
  15, contenant chacun un dessin original . . **100 fr.** »
190 ex. Vélin Fabriano, numérotés de 16 à 205. **30 fr.** »
1350 ex. papier volumineux anglais, numérotés de 206 à
  1555 dont 50 hors commerce). . . . . . **14 fr.** »

Vient de paraître :

GUY DE LA ROCHEFOUCAULD

Diplomé des Sciences sociales

UNE RACE EN PÉRIL

Les Abris du Marin

PRÉFACE DE CHARLES LE GOFFIC

Un volume in-8° carré, orné de vingt-deux gravures hors-
texte et d'un frontispice en couleurs, d'après une aquarelle
du comte G. de La Rochefoucauld. . . . . . **5 fr.**

**Magistrale étude sur l'Alcoolisme en Bretagne et les
œuvres qui combattent ce fléau social.**

JULIEN ARÈNE

EN MACÉDOINE

Carnet de route d'un sergent de l'Armée d'Orient

Un volume, orné de photographies documentaires. **3 fr. 50**

Éditions G. CRÈS et Cⁱᵉ, 116, Boul. St-Germain, PARIS

Collection " LES PROSES "

Volumes in-16 (12 × 19) imprimés sur vélin teinté.

Chaque volume, **3** *fr.* **50** *franco.*

Paul ABRAM. — **Le Retour.**

Paul ADAM. — **Dans l'air qui tremble** (dessins de Huygens).

Jean AJALBERT. — **Dans Paris, la Grand'Ville** (sensations de guerre).

Marcel AZAÏS. — **La Lance d'Achille.**

Léon BARANGER. — **Les Contes arabes de Monsieur Laroze.**

Léon BLOY. — **Sueur de Sang.**

Léon BLOY. — **Histoires désobligeantes.**

Léon BLOY. — **Jeanne d'Arc et l'Allemagne.**

COLETTE (Colette Willy). — **La Paix chez les Bêtes** (frontispice de Steinlen).

Emile DERMENGHEM. — **La Vie affective d'Olivier Minterne.**

Édouard DRUMONT. — **Sur le Chemin de la vie** (souvenirs)

Elie FAURE. — **Les Constructeurs** (illustré).

Ernest GAUBERT. — **L'Amour marié** (Prix national de littérature).

TH. HARLOR. — **Liberté, liberté chérie...**

Henri HOPPENOT. — **Les Jeux de la vie et de l'illusion.**

J.-K. HUYSMANS. — **Marthe** (illustrations de Bernard Naudin).

Éditions G. CRÈS et Cⁱᵉ, 116, Boul. St=Germain, PARIS

Raymond LAURAINE. — **La Communion des Vivants.**

Charles LE GOFFIC. — **Le Crucifié de Kéraliès.**

René de PLANHOL. — **L'Esclave et les Ombres.**

Henri STRENTZ. — **Les Amants sur la Rive.**

LAURENT TAILHADE. — **Les Commérages de Tybalt** (frontispice de Sacha Guitry)

Fritz R. VANDERPYL. — **De Giotto à Puvis de Chavannes.**

Jean VARIOT. — **Les Hasards de la guerre.**

VILLIERS DE L'ISLE-ADAM. — **Chez les passants.**

OSCAR WILDE

Intentions, traduction Hugues Rebell, portrait, un volume in-8° .... **6 fr.** »

Poèmes en prose, traduct. Charles Grolleau .. **4 fr.** »

JEAN VARIOT

Les Hasards de la guerre, un volume in-16, vélin teinté .... **3 fr. 50**

ARMAND DAYOT

La Peinture anglaise, de l'origine à nos jours, magnifique volume in-4° (VIII-364 pages) orné de 25 héliogravures et de 282 illustr. dans le texte, broché **20 fr.** »

E. DE FRIEDBERG

Guide pratique du Secouriste français, infirmier volon= taire, une broch. in-16 (122 fig.) .... **1 fr.** »

Éditions G. CRÈS et Cⁱᵉ, 116, Boul. St=Germain, PARIS

LÉON BLOY

Jeanne d'Arc et l'Allemagne

Un volume in-16, vélin teinté. . . **3 fr. 50**

Il a été tiré des exemplaires japon impérial à 15 fr., et
vélin de Rives à 10 fr.

LÉON BLOY

SUEUR DE SANG

(1870-1871)

Un volume in-16, alfa teinté . . . . **3 fr. 50**

LÉON BLOY

LE SALUT PAR LES JUIFS

Un volume in-8°, impression en deux couleurs. **3 fr. 50**

LÉON BLOY

CONSTANTINOPLE & BYZANCE

Un volume in-16. . . . . **3 fr. 50**

Éditions G. CRÈS et C¹ᵒ, 116, Boul. St-Germain, PARIS

VIENT DE PARAITRE :

JEAN HENNESSY
Député

Régions de France

Un vol. in-16, orné d'une carte. . . . . . 3 fr. 50
Sur japon impérial. . . . . 15 fr. »

*L'un des meilleurs documents qui existent sur l'importante
question du régionalisme.*

ÉDOUARD DRUMONT

Sur le Chemin de la Vie

(SOUVENIRS)
Portrait de l'auteur

Un volume in-16, papier vélin teinté. . . . . 3 fr. 50

IL A ÉTÉ TIRÉ :

60 exemplaires japon impérial (dont 10 hors commerce). Numérotés de 1 à 60, prix . . . . 15 fr. »
575 exemplaires vergé pur fil (dont 75 hors commerce). Numérotés de 61 à 635, prix . . . . 6 fr: »

Tout le monde voudra lire les **Souvenirs** du maître polémiste
et du grand écrivain
Cédant au double attrait qui fait de lui tour à tour un peintre charmant du passé ou le rude champion des plus violents
combats, Edouard Drumont nous donne dans cet ouvrage, entiè-
rement inédit, pour lequel il écrivit une Préface qui est à elle
seule un événement, tout ce qu'une vie déjà longue a pu laisser
en lui de tendre, de mélancolique ou d'amer. Et c'est une merveilleuse galerie de nos contemporains, un « Mémorial » ironi-
que et délicieux de notre temps.

Éditions G. CRÈS et C¹ᵉ, 116, Boul. St=Germain, PARIS

BIBLIOTHÈQUE

DE

l'Enseignement des Beaux-Arts

PUBLIÉE SOUS LE PATRONAGE

DE L'ADMINISTRATION DES BEAUX=ARTS

**Honorée d'un Prix Montyon par l'Académie française
et du Prix Bordin par l'Académie des Beaux-Arts.**

Cette Bibliothèque, dont nous sommes devenus les seuls éditeurs, est maintenant publiée sous la direction de M. Gustave Geffroy, administrateur de la Manufacture des Gobelins, et compte parmi ses collaborateurs les écrivains les plus autorisés et les plus compétents.

Chaque volume, de format in-4° anglais, est imprimé avec soin sur papier teinté. Il contient 300 à 400 pages, illustrées de 150 à 200 gravures inédites, spéciales à la collection et exécutées d'après les originaux.

> Prix de chaque volume broché. . . 4 fr.
> Reliure artistique, pleine toile. . . 5 fr.

Tous les ouvrages de cette magnifique collection sont mis à jour à chaque réimpression.

Envoi du catalogue spécial franco sur demande.

Éditions G. CRÈS et Cⁱᵉ, 116, Boul. St=Germain, PARIS

MARC LECLERC

La Passion de notre Frère le Poilu

PRÉFACE DE RENÉ BAZIN
de l'Académie Française (Prix Jean REVEL)

Une plaquette in-16. . . . . **1 fr. 25**

MARC LECLERC

LES ·· SOUVENIR DE TRANCHÉES ''
D'UN POILU

Une plaquette in-16. . . . . **1 fr. 50**

CHARLES LE GOFFIC & ANDRÉ DUMAS

SANS NOUVELLES

Drame maritime en 1 acte en prose

Une plaquette in-16. . . . . **1 fr. 50**

JEAN ARBONNET

Le Livre de "Quinze Grammes" Caporal

Une plaquette in-16 . . . . **2 fr.**

Belley. — Imprimerie Louis Chaduc. — 12.694.

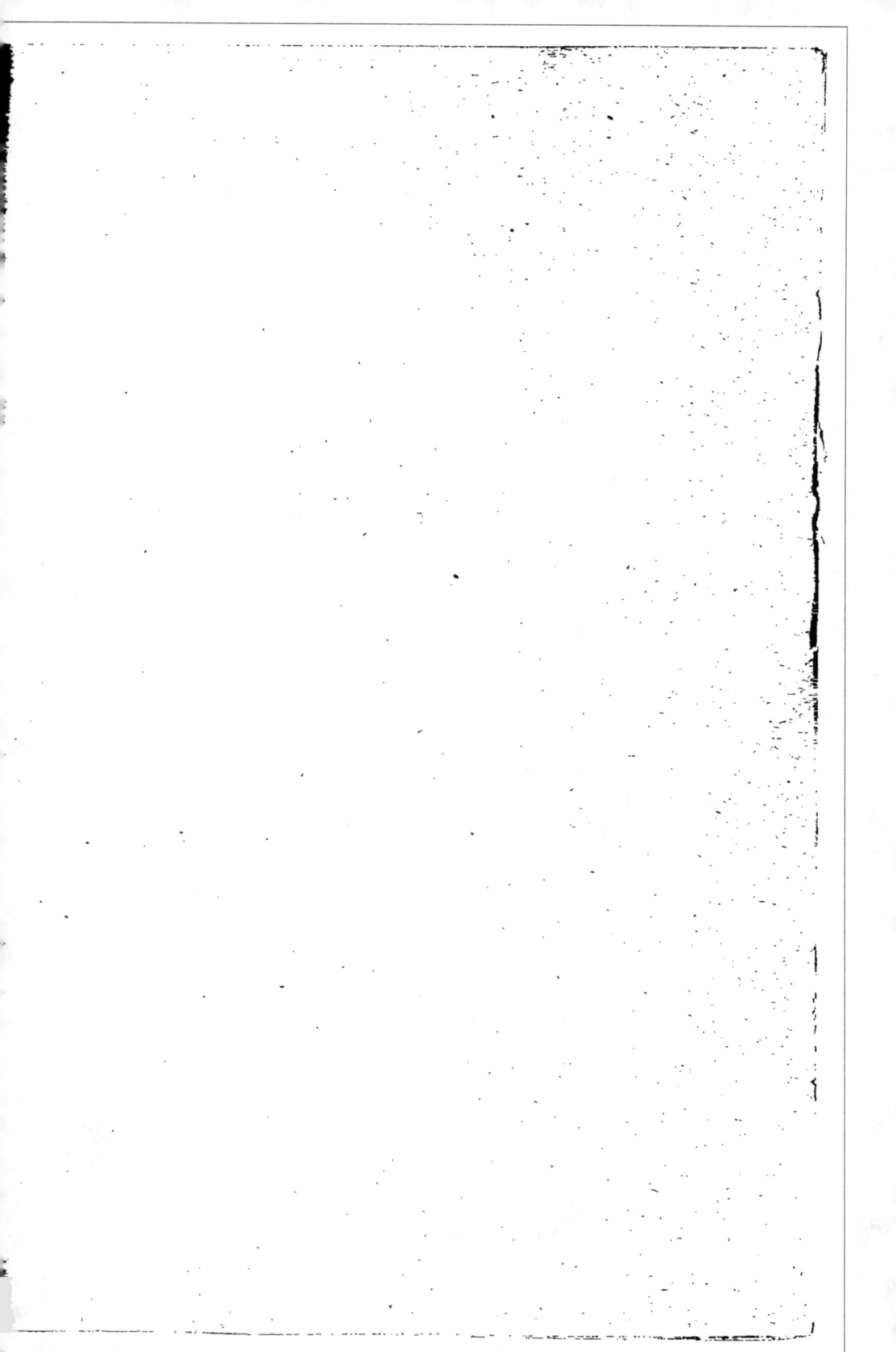

www.ingramcontent.com/pod-product-compliance
Lightning Source LLC
Chambersburg PA
CBHW070759270326
41927CB00010B/2216